가장 현실적인
재테크는 창업이다

다시 찾아오는 창업의시대
가장 현실적인 재테크는 창업이다

초판 1쇄 2022년 5월 25일
초판 3쇄 2022년 7월 29일

지은이 송진혁
기획 상상력집단
펴낸곳 상상력집단

주소 서울시 강남구 압구정로30길 72 2, 3층
이메일 ss2443515@naver.com
인스타그램 ssr_creative

ⓒ 송진혁 2022
ISBN 979-11-978400-0-5 03320

* 파본은 본사나 구입하신 서점에서 교환해 드립니다.
* 이 책의 판권은 지은이와 상상력집단에 있습니다. 내용의 전부 또는 일부를 재사용하려면 반드시 양측의 서면 동의를 받아야 합니다.

다시 찾아오는 창업의 시대

가장 현실적인
재테크는 창업이다

저자 **송진혁**

상상력집단

프롤로그

당신의 창업이 성공할 수밖에 없는 이유!

"돈도 많이 벌고 성공도 하면 좋겠어요!"

모든 창업자의 공통된 바람이 아닐까 한다. 모두가 성공을 꿈꾸며 나름의 방식으로 최선을 다해 열정과 시간을 쏟아붓는다. 그러나 안타깝게도 결과는 모두 제각각이다. 심지어 대박과 쪽박 같은 극과 극의 결과도 가져온다. 모두가 성공을 꿈꾸지만 아무나 성공할 수 없는 곳이 바로 살벌한 창업의 세계이다. 돈과 시간, 열정, 그리고 꿈까지 모두 끌어모았음에도 왜 이렇듯 다른 결과가 나오는 것일까?

나는 2006년부터 신용카드회사와 가맹점을 연결해주는 VAN사를 운영해 오고 있다. 우리 회사는 현재 1,800여 개의 가맹점을 유지 중인데, 가맹점을 통해 얻는 수익이 천차만별이다. VAN사는 가맹점의 카드 승인 건수에 따른 수수료가 주된 수익원이다 보니 창업 초기부터 나는 모든 가맹점의 매출 건수를 눈여겨보았다. 그런데 같은 업종임에도 한 달에 100여 건 정도의 카드 승인이 전부인 곳이 있는가 하면, 1,000건이 넘는 곳도 있고 심지어 5,000건이 넘는 곳도 있다. 그로 인해 한 곳에서 월 1만원부터 월 100만원까지 수익의 차이가 나니 모든 관심은 해당 가맹점에 쏠릴 수밖에 없었다.

'똑같은 업종인데도 왜 매출 건수가 이렇듯 크게 차이가 나지?'

'같은 상권인데도 업종에 따라 왜 매출 건수에 큰 차이가 나는 거지?'

'같은 점포인데 왜 작년과 올해의 매출 건수에 이렇게 큰 차이가 나지?'

가맹점의 매출 건수를 눈여겨보다 문득 이런 의문이 들었다. 게다가 가맹점의 카드 승인 매출 건수의 차이는 곧 해당 사업장의 성공과 실패로 귀결됐기에 더더욱 의문은 커졌다. 의문에 답을 찾기 위해 나는 제품과 서비스, 상권과 유동인구, 대표의 과거 사업적 성장 이력과 성향, 점포의 운영시스템과 직원관리, 트렌드와 시장환경의 변화 등 다양한 각도로 모든 가맹점을 살피고 분석하기 시작했다. 그 결과, 놀랍게도 성공하는 이들에겐 그들만의 공식이 있고, 실패하는 이들도 그들만의 고유한 공식이 있다는 것을 알게 됐다.

나는 지난 16년간 창업컨설팅과 POS 시스템을 관리하며 수많은 창업자를 만나왔다. 한 달 평균 20~30명의 새로운 창업자를 만나기에, 지금까지 대략 5,000여 명의 성공과 실패를 가장 가까이에서 지켜볼 수 있었다. 그리고 어느 순간부터 나는 창업자들의 성패를 예측할 수 있었는데, 내 예측은 지금껏 단 한 번도 빗나간 적이 없다.

나는 내 눈으로 직접 확인한 성공공식을 내가 컨설팅하는 많은 창업자에게 적용했다. 그리고 기대했던 대로 성장과 성공을 이끌었다. 물론 더러는 실패하기도 했다. 그런데 실패한 그들 또한 실패의 공식이 그대로 적용된 경우였다. 그 누구의 말도 듣지 않고 본인의 생각만 옳다고 하는 사람, 이런저런 핑계를 대며 더 편하고 쉬운 방법을 찾는 사람이 그 대표적인 유형이다.

"스마트한 노력이 필수인 시대이다!"

성공의 기본은 노력이다. 제아무리 목표가 분명하고 열정이 넘쳐도 노력이 따라주지 않으면 바라던 성공에 닿을 수 없다. 노력 없이 이루어지는 결실은 없기 때문이다. 설령 운이 좋아서 별다른 노력 없이 큰 돈을 번다고 해도 그 성과는 그리 오래가지 못한다. 운은 말 그대로 운일 뿐이라, 운이 사라지면 성과도 곧 사라진다. 창업은 구상의 단계부터 성공 이후의 단계까지 한순간도 노력을 멈추면 안 된다. 성공을 바라는 열망만큼 남다른 노력을 꾸준히 쏟아부으면 반드시 바라던 결과와 만난다. 이것은 불변의 성공공식이다.

그렇다면 무조건 열심히 노력하면 창업해서 바라던 성공을 이룰 수 있을까? 그렇지 않다. 밤낮도 없이 쉬지 않고 열심히 땅을 파도 물이 없는 곳에선 절대 우물을 완성할 수 없다. 물이 있는 곳을 찾고, 땅을 효과적으로 팔 수 있는 도구를 준비한 후에 땅을 파야 한다. 도중에 큰 돌덩이를 만나면 준비한 도구로 돌을 깨부수고 다시 파나가는 열정과 집념도 필요하다. 말 그대로 성공에는 '스마트'한 노력이 필요하다. 그래야 지치지 않고 나아갈 수 있고, 노력에 비례한 만족스러운 결과와 만날 수 있다. 그동안 내가 만나왔던, 수많은 성공한 창업가들은 이런 스마트한 노력이 기본이 된 분들이다.

나는 이 책에 창업을 성공으로 이끌기 위해 어떤 노력을 어디에 어떻게 쏟아야 하는지에 대해 자세히 담아두었다. 그리고 노력의 끝이 실패로 향하지 않으려면 어떤 것들에 주의해야 하는지도 담아두었다. 열심히 성공공식을 따라가도 실패의 공식을 피하지 않으면 실패의 함정에 빠질 위험이 크다. 게다가 성공에는 수많은 조건과 변수가 작용하지만 실패는 분명한 공식이 있다. 이 공식만 피해서가도 최소한 절반의 성공 정도는 할 수 있다. 물론 여기에 성공공식까지 잘 보태어진다면 바라던 성공과 만나는 것은 그리 어렵지 않다.

16년간 창업 현장의 한 가운데서 수많은 창업자의 땀과 눈물, 시간과 열정을 지켜보며 쌓은 생생한 빅데이터에 근거한 통찰인 만큼, 나는 이 책에서 공개하는 40가지의 스마트한 전략이 당신의 창업을 성공으로 이끌어줄 것을 확신한다! 성공공식을 따르고 실패공식을 피하며 열정적인 걸음을 이어간다면 분명 당신의 창업은 모두가 바라지만, 아무나 얻을 수 없었던 아름다운 '성공'과 만날 것이다. 당신의 성공 창업을 응원하며, 이 책을 끝까지 읽은 후 당신의 가슴에도 성공의 확신이 넘쳐나길 기원한다.

좋은성과는 우연히 만들어지는 것이 아니라,
언제나 지적 노력을 한 결과이다.

- 존 러스킨 -

똑똑한 창업전략_
스마트하게 구상하라

- **돈 한 푼 안 들이고 창업한다고?!** ——— 18
  #무자본창업 #인스타그램 #재능창업

- **알바에서 벤츠 타는 사장님으로** ——— 25
  #3D업계에희망이 #3D와디지털마케팅의결합

- **사람만 모아도 비즈니스가 열린다** ——— 30
  #사람많은곳에돈도 #사교모임이창업기회

- **악어새가 되어 악어의 입으로 뛰어들어라** ——— 36
  #대세에편승 #대형비즈니스속소규모비즈니스

- **맥도널드의 성공방식을 훔쳐라!** ——— 40
  #권리금 #위기속기회 #역발상

- **무인점포, 맹점은 커버하고 장점은 적극 활용하고!** ——— 45
  #머니파이프라인 #무인점포의도둑 #고객길들이기

- **어떻게 팔 것인가를 고민하라** ——— 52
  #박리다매 #발상의전환 #가려운곳공략

STEP 2
단단한 비즈니스_ 야무지게 준비하라

- **100전 100승의 신화를 준비하라** —————— 58
  #철저한준비가경쟁력 #창업포지션

- **준비 없는 급발진은 급정지를 부른다** —————— 63
  #진짬뽕의비밀 #충분한준비와검증

- **1인 창업! 슈퍼맨이 될 순 없어** —————— 69
  #1인창업의흔한착각 #충분한준비 #외주를적극활용

- **모르면 당하는 창업세계의 검은 손** —————— 77
  #창업시장의쓰레기 #프랜차이즈옥석

- **아직도 POS 데이터를 믿나요?** —————— 81
  #POS데이터조작 #매출은직접현장을확인

- **플랫폼 가격비교로 합리적 기준점을 찾아라** —————— 87
  #견적비교플랫폼 #합리적가격의기준

- 프롤로그 ————————————————— 5
- 에필로그 ————————————————— 249

섬세한 비즈니스_
성공의 포인트를 공략하라

- ### 블루오션, 고객의 니즈를 쪼개고 쪼개라! ——— 92
  #영원한블루오션은없다 #레드오션속블루오션

- ### 곰이 맥주를 마시게 하라 ——— 98
  #고인물이아닌흐르는물 #콜라보로시너지를

- ### 짧고 빠르고 간단하게! ——— 105
  #틱톡의성공비법 #문화의큰흐름

- ### 고객의 시선으로 바라보면 서비스가 보인다 ——— 110
  #사업은취미가아니다 #주인은갑손님은슈퍼갑 #고객이원하는서비스

- ### 매뉴얼, 기왕이면 직접 만들어보자 ——— 115
  #적은비용으로큰효과 #매뉴얼의힘

- ### 데이터가 보내는 신호를 읽어라 ——— 120
  #빅데이터시대 #데이터리터러시 #POS데이터의중요성

STEP 4
영민한 비즈니스_ 맛있는 마케팅을 입혀라

- **당신의 마케팅은 안녕한가?** ——— 128
  #내기준이아닌고객기준 #마케팅의동상이몽

- **나만의 강점으로 성공의 포인트를 디자인하라** ——— 135
  #배달만큼은최고 #강점을강화

- **가장 빠른 거북이가 되자** ——— 140
  #브랜드의방향 #확실한컨셉이마케팅 #박리다매

- **당신을 위한 특별한 서비스** ——— 144
  #니치마케팅 #그룹형멤버십포인트

- **사면 살수록 더 퍼주는 마케팅** ——— 150
  #밑지는장사없다 #퍼줘야남는다

- **한 편의 영화 같은 재미와 감동을 선물하라** ——— 155
  #이케아동선 #감동의시나리오 #백화점엘리베이터

- **비대면 세상 속 그리운 대면 감성을 잡아라!** ——— 161
  #비대면세상 #기계속인간감성

STEP 5
뜨거운 비즈니스 – 열정의 온도를 올려라

- **워라밸은 넣어두고 교토삼굴(狡兎三窟)부터 준비하라** —— 168
  #부업 #서브잡 #매일꾸준히 #프로N잡러

- **외식 창업, 미쳐야 미친다** —— 175
  #화성남자금성여자 #불광불급(不狂不及) #사랑해야성공한다

- **한 우물이라도 제대로 파라** —— 181
  #묻지마창업 #호시우행(虎視牛行) #완벽한성공공식

- **돈은 적어도 열정은 크게** —— 186
  #소자본창업 #자본의경쟁 #인풋과아웃풋은비례

- **깔끔하게 닫고 상큼하게 열자** —— 191
  #백종원의골목식당 #루틴 #매뉴얼 #마감청소

- **성장을 위해 경쟁을 즐겨라** —— 194
  #피할수없으면즐겨라 #벤치마킹 #멘탈관리

- **금수저 창업은 독일까, 약일까?** —— 200
  #사업장과집의거리 #출근길의루틴 #강제장치

STEP 6
건강한 비즈니스 - 마음의 밸런스를 유지하라

- **흥하면 내 덕이고 망하면 고객 탓?** ─────────── 206
  #진상사장 #모르쇠 #고객핑계대지마라

- **모니터링, 고집 꺾는 특효약** ─────────── 212
  #자기맹신의함정 #프랜차이즈가맹점

- **폐업의 기술** ─────────── 221
  #지는게임은포기가답 #늦기전에지금 #아름다운폐업

- **아름다운 동행을 위하여** ─────────── 226
  #동업 #건강한파트너십 #인정보다비즈니스마인드

- **착한 프랜차이즈와 착한 점주가 만나면 성공을 끌어당긴다** ── 231
  #착한프랜차이즈선택 #착한점주되기 #시너지

- **노무관리, 막연한 믿음보다 완벽한 시스템이 더 힘이 있다** ── 237
  #횡령 #집단이탈 #노무관리도시스템이답

- **힘들면 놀아라, 대신 '잘' 놀아라** ─────────── 241
  #매출정체기 #고객과놀아라

똑똑한 창업전략_
스마트하게 구상하라

돈 한 푼 안 들이고 창업한다고?!

#무자본창업 #인스타그램 #재능창업

"네가 돈이 어디 있어?"

흔히들 친구나 가족 등 가까운 지인이 창업한다고 하면 가장 먼저 하는 질문이다. 그만큼 창업에서 돈은 절대 빼놓을 수 없는 요소이다. 아무리 좋은 아이디어가 있어도, 넘치는 열정이 있어도 그것을 세상에 선보이려면 최소한의 돈은 필요하다. 그런데 정말 돈이 없으면 창업하지 못할까?

바야흐로 플랫폼의 시대이다. 굳이 플랫폼 기업을 직접 창업하지 않더라도 거대 플랫폼 기업이 만들어 놓은 드넓은 무대에서 나만의 영역을 구축하고 수익을 창출하는 창업자들도 많다. 게다가 이들 중에는 소자본으로, 심지어는 돈 한 푼 들이지 않은 무자본으로 성공을 거두는 이들도 적지 않다.

예비창업자들의 공통된 바람을 꼽으라면 단연 '적은 돈으로 큰 이익을 거두고 싶다'일 것이다. 자영업자의 폐업률이 갈수록 높아지는 경쟁 시대에 다소 황당한 바람처럼 들릴 수 있다. 그러나 아예 가능성이 없지는 않다. 물론 전제조건은 있다. 적은 돈을 투자하고도 큰 수익을 올리려면 기발한 아이디어나 탁월한 재능, 그리고 남다른 노력이 뒷받침되어야 한다.

디지털 기술의 발달로 온라인 상거래인 이커머스 시장이 커지면서 쿠팡이나 네이버, 지마켓과 같은 오픈마켓의 입점이나 인스타그램과 같은 SNS를 활용한 창업도 활발해지고 있다. 이런 플랫폼을 활용한 창업은 오프라인에 점포를 얻는 것과 비교할 때 임대보증금이나 권리금 등이 들어가지 않으니 상대적으로 적은 비용으로 창업할 수 있다. 물론 오픈마켓에서 판매되는 '상품'의 구매비용을 고려한다면 최소한의 창업자금은 준비되어야 한다. 게다가 판매가 활발할수록 물품구매비용 또한 비례해서 늘어나기에 창업을 준비하는 단계에서부터 이 부분을 고려해야 한다.

그렇다면 돈이 없는 사람은 아예 창업을 꿈꿀 수 없는 것일까? 절대 그렇지 않다. 오프라인에서 점포를 차리거나 온라인의 오픈마켓에서 판매 상품을 준비할 돈이 없어도 얼마든지 창업하고 수익을 올릴 수 있다. 포털사이트나 SNS 등의 플랫폼에서 나의 재능이나 취미를 활용한 창업이 바로 그것이다.

"재능이 있는데 돈이 왜 필요해?"

초등학교 동창인 J는 4년째 인스타그램을 운영하며 수익을 창출하고 있다. 조용하고 차분한 성격의 J는 결혼과 동시에 전업주부의 삶을 선택했고, 남편을 내조하며 안정적인 삶을 사는 듯했다. 그런데 출산 후 아이들을 키우면서 육아 스트레스로 너무 힘들어했고,

급기야 우울감과 무기력감에 시달리는 듯 보였다. 안쓰러운 마음에 나는 J에게 인스타그램을 하며 외부와 소통해보라고 제안을 했다.

"인스타그램? 애들 돌보는 것도 힘든데 내가 지금 어떻게 그런 걸 하니? 게다가 내가 특별히 올릴 콘텐츠가 있어야 말이지."

"너 책 읽는 거 좋아하잖아. 글도 잘 쓰고."

나는 평소 책 읽기를 즐기는 J에게 인상 깊게 읽은 책이나 새로 나온 신간 위주로 후기를 써서 사진과 함께 인스타그램에 꾸준히 올려보라고 권했다. 책 읽기를 즐기는 만큼 요약해서 들려주기도 좋아하고 글도 잘 쓰는 터라 J에게 딱 맞는 취미 활동 같았다. 게다가 꾸준히 콘텐츠를 업로드하면 팔로워도 늘 것이고, 수익도 창출할 수 있었다.

다행히 J는 내 말을 허투루 듣지 않고, 책을 읽을 때마다 후기를 책의 사진과 함께 올리고, 팔로워들과 댓글로 소통도 즐겼다. 종종 J의 인스타그램에 들어가면 콘텐츠가 점점 풍성해지고 책의 사진도 보다 감성적으로 발전하는 등 퀄리티가 좋아지는 것을 느낄 수 있었다. 당연히 팔로우 수도 나날이 증가했고, 그녀의 육아 스트레스도 잘 극복되는 듯 통화 목소리도 밝아졌다. 특히 인상적인 점은, J의 인스타그램 팔로워들은 그야말로 '찐'이었다. 팔로워들의 인스타그램을 따라가면 모두 책에 관심이 많은 사람이었다.

인스타그램과 같은 SNS의 팔로워나 구독자는 숫자가 주는 의미보다 더 중요한 것이 그 안에 얼마나 '찐'이 많은가이다. 팔로워 수를 늘리기 위해 상부상조 개념으로 여기저기 가리지 않고 팔로워하는 사람들은 SNS를 활용한 재능 창업에 그다지 도움이 되지 않는다. 실제로 팔로워 1만 명이 있는 사람이 영향력 있을 것 같지만, 전문 영역의 팔로워 5백 명이 있는 인스타그램이 훨씬 더 값진 경우가 많다. J의 팔로워가 그랬다.

인스타그램에는 전문적인 요소를 살려서 자신의 재능을 홍보하고 관심사를 함께하려는 사람들이 많다. 처음에는 관심요소를 알리고 이후에 수익화를 실현해보자.

[출처 : 인스타그램 계정(hyejin_bookangel)]

나는 J의 게시물이 300여 개가 넘어가자 이 쯤에서 "후원문의 등 DM 주세요"라고 적어보라고 했다. 신간을 홍보하려는 출판사의 입장에선 J처럼 독서 후기를 전문적으로 올리는 인스타그램이 좋은 홍보 채널이기에 분명 연락이 올 것이라고 했다. 4년이 지난 지금 J의 인스타그램의 게시물 수는 600여 개에 달하며, 기대 이상의 수익까지 창출하고 있다. 게다가 또 다른 틈새시장을 찾아 인스타그램을 하나 더 만들 계획까지 하고 있다. J는 언제 그랬냐는 듯이 육아 스트레스가 시원스레 날아간 것은 물론이고, 돈 한 푼 들이지 않고 성공적인 창업을 하여 전문가의 삶을 즐기고 있다.

"나만의 시장을 만들고 전문성을 확보하라"

J의 경우처럼 SNS를 활용한 재능 창업에 도전하려면 우선 나의 전문영역부터 설정해야 한다. 이를 위해선 "나는 무엇을 잘하고 즐겨 하는가?", "나는 무엇에 관심이 많고, 확연히 많은 정보를 확보할 수 있는가?" 등을 자신에게 질문하고, 답을 구해보자. 직관적으로 답이 떠오른다면 더없이 좋을 테다. 그러나 만약 그렇지 않더라도 차근차근 찾아가면 된다.

인터넷을 통해 다양한 정보를 손쉽게 구할 수 있게 된 덕분에 각양각색의 취미를 즐길 수 있는 시대가 됐다. 수강료를 내고 직접 학원에 가서 배워야 하던 때와 달리 요즘은 집에서 언제든 공짜로 여러 취미를 배우고 즐길 수 있다. 자신과 잘 맞는 분야를 찾아 꾸준히 배우고 연습한다면 탁월한 솜씨를 갖는 것은 그리 어렵지 않다. 예컨대 캠핑이나 자전거 라이딩, 사회인 야구와 같이 역동적인 것을 즐기는 분들도 많고, 요리하기나 꽃꽂이, 책 읽기 등 차분하고 정적인 취미를 즐기는 분들도 많다. 그리고 이들 중에는 단순히 취미 활동을 넘어 J처럼 인스타그램이나 블로그, 유튜브 등에서 꾸준히 활동하며 광고 등을 통한 수익을 올리는 분도 있다.

물론 요즘은 SNS를 활용한 플랫폼사업도 경쟁이 치열해지다 보니 새로운 영역을 찾기가 쉽지만은 않다. 그러나 어떤 분야이든 성공의 기본 공식은 존재한다. SNS를 활용한 플랫폼사업도 나만의 전문성을 살릴 수 있는 틈새 영역의 개발, 그리고 꾸준하게 실력을 쌓고 콘텐츠를 업로드하여 그 분야의 전문가가 된다면 성공 가능성이 커진다. 그러니 어떤 분야이든 자신의 성향과 잘 맞고 관심이 가는 분야가 있다면 찬찬히 접근하면서 나만의 전문영역을 만들어보자. 예를 들어 수많은 요리 유튜버들이 있어도 그 안에서 자신만의 특별한 영역을 만들어서 꾸준히 영상을 올리며 구독자를 늘리는 것이다. 자취생이나 1인 가구를 위한 초 간단 요리를 전문적으로 다루는 채널이라든가, 편식하는 자녀를 위한 건강 요리를 전문적으로 다루는 채널 등 아이디어는 무궁무진하다.

이렇게 관심 분야를 더욱 세분화하여 틈새를 발견하고 자신만의 전문영역을 찾았다면 장기적인 시각으로 수익성을 계획해야 한다. 처음에는 목표수익을 아주 낮게 설정하고, 고객 확보에 총력을 기울여야 한다. 타겟으로 설정된 고객들을 '돈'이 아닌 이웃이나 친구, 팬으로 생각하고 유익한 정보와 보는 즐거움 등을 꾸준히 제공하며 진정성 있게 소통해야 한다. 즉, 고객 수 확보의 비중을 10으로, 내 사업홍보의 비중을 0으로 시작해야 한다. 어느 정도 콘텐츠가 쌓이고 구독자가 확보되면 이후로 '고객 수 확보 : 내 사업홍보'를 9:1, 8:2, 7:3, 6:4 등으로 비율을 조정하며 수익을 확보한다.

최종 목표는 수익의 창출일 수 있으나 그 과정만큼은 순수하고 열정적이어야 한다. 전문성 확보를 위한 꾸준한 노력과 팔로워들과의 진정성 있는 소통, 그리고 무엇보다 재미있고 즐겁게 일할 수 있어야 한다. 제아무리 열심히 한다 해도 즐기는 사람을 이길 순 없다.

- ☐ 나만의 전문성을 살릴 수 있는 틈새 영역을 찾고, 성실히 실력을 쌓으며 그 분야의 전문가가 돼라.
- ☐ 꾸준히 콘텐츠를 업로드하고 팔로워들과 진정성 있게 소통하며, 재밌고 즐겁게 일하라.
- ☐ 어느 정도 콘텐츠가 쌓이고 구독자가 확보된 후에 비로소 내 사업을 홍보하고, 차츰 비중을 늘려간다.

알바에서 벤츠 타는 사장님으로

#3D업계에희망이 #3D와디지털마케팅의결합

"어떤 장사를 하면 대박이 날까?"
"요즘 잘나가는 업종이 뭐지?"

오랜 기술이나 재능을 바탕으로 창업하는 것이 아닌 경우 보통은 창업에 앞서 업종을 고민하기 마련이다. 이때 대부분 트렌드나 유행부터 살핀다. 현재 가장 인기 있는 업종, 앞으로 뜰 것 같은 업종이 무엇인지를 살펴 대세에 편승하려는 것이다. 나쁜 전략은 아니지만 그렇다고 썩 좋은 전략도 아니다.

이미 큰 물결을 일으키며 치열한 경쟁이 벌어지고 있는 시장에 진입하려면 수많은 경쟁자를 이길 자신만의 강점이 반드시 있어야 한다. 이렇다 할 경쟁력도 갖추지 못한 채 트렌드의 물결에 올라탄다면 그 강력한 힘에 떠밀려 물결 밖으로 튕겨날 위험이 크다. 그러니 이길 만한 힘을 갖추지 못했다면 차라리 방향을 바꾸어, 트렌드나

3D업종은 힘들다.
하지만 모든 창업시장에서 가장 중요하게 생각하는 수요와 공급 측면에서
볼 때 경쟁자가 적은 것 또한 사실이다.

유행과 전혀 무관한 업종에서 나의 자리를 만드는 것은 어떨까? 특히 힘들고Difficult, 더럽고Dirty, 위험하다Dangerous는 이유로 모두가 꺼리고 피하는 3D업계라면 경쟁자는 적고 수요는 꾸준하니 자리잡기가 비교적 쉽고, 경쟁자들에 대한 스트레스도 크지 않다.

"3D와 디지털을 결합하라!"

몇 년 전 일이다. 타일 도소매 및 시공업을 하는 L에게서 관련 업계에 관한 내밀한 이야기를 들을 기회가 있었다. 당시 최저시급이 많이 오르고 있던 때였는데, 모두 편한 아르바이트 자리로 이동해 타일 시공과 같은 3D업종에선 일할 사람을 구하지 못해 난감한 상황이라고 했다.

불과 10여 년 전만 해도 20대 초반의 청년들에게 3D업종, 일명 노가다는 한 번쯤은 거쳐 가는 아르바이트 자리였다. 힘들고 위험한 만큼 시급이 센 덕분이다. 같은 시간을 커피숍에서 일해서 100만 원을 번다면 타일을 옮기고 깔아서 200만 원을 버니 그 맛에 힘들어도 참고 일했다. 그런데 최저시급이 점점 오르면서 다들 편하고 쉬운 일자리를 찾아 떠나는데, 그렇다고 임금을 더 올려 400만 원을 줄 형편은 안 되니 난감해졌다.

그런 시기에 체격도 좋고 성격도 무던해 보이는 아르바이트 직원 P가 들어왔는데, 그의 각오가 참 남달랐다. P는 남들이 싫어하고 안 하는 일에 도전해서 빠르게 기술을 습득하고 전문가가 되어 사업으로까지 확장할 목표를 하고 있었다. 그로부터 5년여가 지난 현재 P는 자신의 목표를 모두 이루었을 뿐만 아니라 온라인 마케팅 활동을 통해 타일 도소매의 유통까지 사업을 확장해가고 있다.

3D업종은 일이 힘든 만큼 함께하는 사람들 사이에 끈끈한 정이

있다. 특히 성실하고 우직하게 일하는 직원에겐 마치 선생과 제자, 선배와 후배처럼 자신의 기술과 노하우를 잘 가르쳐준다. P 역시 직원을 구하기 힘들던 시기에 스스로 찾아와 열심히 일해준 덕분에 사장인 L로부터 많은 기술과 노하우를 배울 수 있었다.

"사장님, 저 1년 뒤에 독립해서 사장님 사업의 대리점을 해보고 싶습니다."

3년간 열심히 기술을 배우던 P는 L에게 독립의 계획을 말했다. 평소 P를 아꼈던 L은 흔쾌히 그러자고 했고, 1년 뒤 약속대로 P의 독립을 지원했다.

P는 신세대답게 기존의 사업 방식에 디지털 마케팅 기술을 결합했다. SNS와 인터넷 커뮤니티 등을 활용한 적극적인 마케팅, 그리고 온라인쇼핑몰 운영 등을 통해 다양한 판로를 개척한 것이다. 타일 판매와 시공 분야는 마케팅 활동을 하는 곳이 많지 않다 보니 다양한 소비자들에게 빠르게 노출되었다. 덕분에 리모델링을 전문으로 하는 사업자는 물론 셀프 인테리어를 하려는 개인 소비자들에게도 큰 인기를 끌었다.

쉽고 편하게, 그리고 폼나게 일하면서 많은 돈을 벌면 더없이 좋겠지만 세상은 그리 호락호락하지 않다. 설령 그런 분야가 있다고 해도 이미 많은 사람이 뛰어들어 치열한 경쟁을 벌이고 있고, 그들 중 상당수가 두 손을 들고 실패를 선언하기도 한다.

생각을 조금 달리하여, 몸이 다소 힘들고 스타일이 조금 구겨지더라도 더 큰 성장과 성공을 꿈꿀 수 있는 분야를 찾아 도전해보는 것은 어떨까? 힘들고 더럽고 위험한 일이라며 모두가 꺼릴 때 과감히 도전하여 나만의 자리를 탄탄하게 만드는 것이다. 단, 기술을 배워 전문가가 될 수 있는 분야, 그리고 꾸준한 수요가 보장된 분야라야 한다. 그리고 P의 사례처럼 적극적인 마케팅을 통해 온라인 사업까지 병행할 수 있는 분야라면 더욱 빠르고 크게 성장할 수 있다. 타일공에서 연 매출 10억 원의 사장님이 되는 것, 아르바이트 직원에서 벤츠를 타는 사장님이 되는 것은 결코 영화 속 이야기가 아니다.

 **Key Point!**

- ☐ 경쟁자는 적고 수요는 꾸준한 3D업종에서 전문가가 되라.
- ☐ 3D업종에 디지털 마케팅을 결합하여 다양한 판로를 개척하라.

사람만 모아도 기회가 열린다
#사람많은곳에돈도 #사교모임이창업기회로

"공짜로 퍼줄수록 돈을 버는 비즈니스가 있다고?"

2010년에 카카오가 문자와 그룹 채팅 등 무료 메신저 서비스를 제공하자 많은 사람이 의아해했다. 도대체 왜? 통신사들이 당연한 듯 꼬박꼬박 이용료를 받아가는 서비스를 도대체 왜 공짜로 제공한다는 것인지, 그렇게 다 퍼주면 카카오란 회사는 무엇으로 돈을 버는 것인지 의아한 것이다. 게다가 공짜로 퍼주면 퍼줄수록 카카오는 더 유명해지고 더 부자가 됐다.

10여 년이 흐른 지금, 공짜 서비스에 고개를 갸웃거릴 사람은 거의 없다. 카카오, 인스타그램, 유튜브 등 공짜 서비스들이 넘쳐나기 때문이다. 물론 이들이 무대(플랫폼)와 여러 서비스를 무료로 제공하여 사람들을 모으고, 그렇게 모여든 사람들이 유료서비스나 광고 등으로 이들을 돈 벌게 해준다는 것도 알 사람은 다 안다.

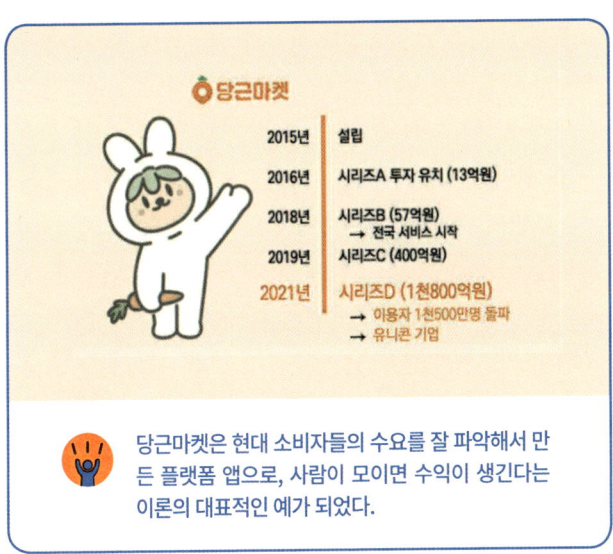

당근마켓은 현대 소비자들의 수요를 잘 파악해서 만든 플랫폼 앱으로, 사람이 모이면 수익이 생긴다는 이론의 대표적인 예가 되었다.

비즈니스 세계에서 돈은 사람을 따라온다. 즉, 돈을 벌려면 사람을 모아야 하는 것은 기본 중의 기본이다. 상품이나 서비스, 지식이나 기술 등 무엇을 팔든 그것을 살 사람이 있어야 장사가 된다. 오프라인에서 창업하는 이들이 유동인구가 많은 목 좋은 곳을 찾고, 온라인에서 창업하는 이들이 공짜 서비스를 제공하면서까지 관심을 끄는 것도 결국 더 많은 사람을 모으기 위해서다.

"따뜻한 감성이 피어오르게"

공짜 서비스가 흔해진 요즘엔 특별한 감성과 가치를 전하며 사람들을 모이게 하는 곳도 있다. 그 대표적인 곳 중 하나가 '당근마켓'이다. 당근마켓은 '당신의 근처에서 만나는 마켓'이란 의미의 중고 물품 직거래 온라인 플랫폼으로 반경 6km 이내의 이웃끼리 물품의 거래가 주를 이룬다. 중고물품을 사고판다는 점에선 기존의 중고거래사이트와 큰 차이가 없어 보이지만 실제 사용자가 당근마켓에 느끼는 감성은 무척 특별하다.

 당근마켓이 지향하고 어필하는 감성은 '따뜻함'이다. 플랫폼의 디자인이나 캐릭터, 캠페인 문구 등을 통해 따뜻한 감성을 전하는 것은 물론이고, 중고물품을 사고파는 것에 대해서도 단순한 '거래'가 아닌 따뜻한 '나눔'을 한다는 가치를 심어준다. 또 자원의 재활용을 통해 지구환경을 지킨다는 자긍심도 느끼게 해준다. 그뿐만 아니다. 플랫폼에서 이웃끼리 유용한 정보를 나누고 동네 맛집을 소개하며, 취미 생활과 관련한 이야기 등을 나눌 수 있도록 동네 사랑방과 같은 온라인 커뮤니티를 만들어 감성을 채워준다. 기존의 중고거래사이트들과는 확연히 다른 모습에 사람들은 "당근마켓의 경쟁자는 중고나라나 번개장터가 아닌 지역 맘카페이다."라는 우스갯소리까지 한다.

 당근마켓이 사용자들에게 전하는 따뜻한 감성은 사용자들 사이에서도 그대로 전해진다. 중고거래는 당사자끼리 직접 물건과 돈을 교환하는 직거래방식인 만큼 사기 거래에 대한 불안감이 크다. 당근마켓은 이런 불신을 없애기 위해 사용자들의 신용과 매너를 강조하고, '매너 온도'라는 장치를 통해 사용자의 매너지수를 평가하고 있다. 매너 온도는 판매나 구매할 때 상대 사용자에게 받은 칭찬이나 후기 등을 통해 결정되는데, 매너 온도가 높은 사람은 매너가 좋고 신뢰할 만한 사람이라는 의미이기에 사용자들은 자신의 매너 온도를 높이기 위해 최대한 친절하고 매너 있게 거래에 임한다. 당근마켓이 마련한 이런 다양한 장치들은 중고거래에 대한 신뢰도를 높이고 무료나눔 등 사용자들 사이에 따뜻한 감성의 선순환을 일으켰다. 또 지구환경을 지키는 착한 소비에 동참한다는 강한 자긍심과

연대감까지 생겨났다.

　물론 더 큰 성장을 위해서는 수익창출모델을 찾는 것이 중요한 과제로 남아있지만, 눈앞의 수익과는 별개로 당근마켓의 기업가치는 나날이 상승하고 있다. 당근마켓은 2019년에 3천억 원이던 기업가치가 2021년에 3조 원까지 상승했다. 이웃 간 중고거래, 매너 온도, 지역 커뮤니티 등 여러 다양한 장치로 사람을 많이 모으고, 그 안에서 따뜻한 감성이 있는 캠페인을 전달하는 마케팅이 훌륭하게 작용한 덕분이다.

　카카오와 당근마켓 등 성공한 플랫폼 기업의 사례에서도 알 수 있듯이 온라인이든 오프라인이든 비즈니스의 성공을 위해선 많은 사람을 모으는 것이 필수이다. 사람이 많이 있어야 상품이나 서비스의 거래가 활발하게 일어나기 때문이다. 그런 의미에서 볼 때, 먼저 많은 사람을 모아놓고 그 안에서 비즈니스를 창출하는 '모임형 창업'은 무척 영민한 전략이 아닐 수 없다.

　골프를 좋아하고 실력도 좋은 J는 같은 취미를 가진 사람들끼리 함께 교류하면 좋겠다는 생각에 온라인 커뮤니티를 만들어 회원을 모집했다. 그리고 온라인에서 어느 정도 친밀감이 쌓이자 J는 오프라인에서 골프와 관련한 다양한 행사와 이벤트를 기획해 회원들의 정기적인 모임도 주최했다. 모임에서도 그는 힘든 일 궂은일을 도맡아 하며 좋은 이미지와 신뢰를 쌓아갔다.

　많은 회원과 함께 정기적으로 스크린 골프장을 찾으니 업체 측에서도 무척 반겼다. 덕분에 J는 시중보다 싼 가격으로 회원들에게 골프용품을 구매해주고 골프공처럼 분실이 쉬운 용품은 원가로 공급해주는 등 회원들에게 다양한 혜택을 제공했다. J가 운영하는 온라인 커뮤니티의 훈훈한 분위기가 입소문이 나자 회원도 점점 늘었다. 나는 이쯤에서 커뮤니티를 기반으로 사업을 구상해보라고 제안했다.

"사실 오래전부터 해보고 싶었던 사업이 있긴 해요."

J는 맞춤형 골프용품을 제작·판매하는 골프 피팅샵을 창업하고 싶었지만, 어떻게 시작해야 할지 막막해서 도전을 미루고 있었다고 했다.

"지금처럼 커뮤니티 회원들을 진정성 있게 잘 챙겨주세요. 대신 이 커뮤니티를 바탕으로 사업을 구상하려면 좀 더 전략적으로 회원을 모을 필요가 있어요."

더 많은 회원을 모으려면 단순한 사교나 운동모임 이상의 가치를 구성원들에게 전해야 한다. 나는 회원들의 대다수가 자영업이나 중소기업의 대표이니 그들이 서로 사업적인 도움을 주고받을 수 있도록 해보자고 했다. 즉 서로 윈-윈 할 수 있는 사람들끼리 잘 매칭해서 라운딩 조를 편성해주면, 이러한 니즈를 가진 사람들이 더 많이 모일 것이라고 했다.

예상대로 나의 코칭은 매우 효과가 있었다. 1년여가 지나는 동안 J의 커뮤니티 회원은 300여 명이나 증가했다. 온라인뿐만 아니라 오프라인에서도 활발하게 교류하는 모임이기에 이는 J가 구상하는 사업에도 무척 도움이 되는 인원이었다. 이후 J는 나에게 창업컨설팅을 의뢰했고, 마침내 자신이 구상하던 골프 피팅샵을 창업하여 탄탄하게 성장하며 성공을 향해가고 있다.

자신이 좋아하고 잘하는 분야에서 창업하는 것은 성공 창업의 기본이다. 그런데 그 분야에서 같은 관심사를 가진 많은 사람과 신뢰와 친분을 쌓아두었다면 이는 더없이 좋은 자원이 된다. 이런 귀한 자원을 그저 관심사나 나누는 사교의 영역에 두는 것은 말이 안 된다. 처음부터 창업의 계획을 세우고 사람들과 친분을 쌓아가는 것도 좋고, 이미 만들어진 친목 커뮤니티 안에서 창업의 기회를 창출하는 것도 좋다. 어떤 형태이든 많은 사람이 모인 곳은 창업의 기회를 만들 수 있는 최적지라는 사실을 놓쳐서는 안 된다.

- ☐ 사람이 모이는 곳에 따뜻한 감성을 이끌어라.
- ☐ 사교모임에서도 창업의 기회를 만들 수 있다.

악어새가 되어 악어의 입으로 뛰어들어라

#대세에편승 #대형비즈니스속소규모비즈니스

   수원에는 통닭거리로 유명한 상권이 있다. 지인 중 한 분이 그곳에서 큰 가마솥에 치킨을 통으로 넣어 튀기는 가마솥치킨집을 운영하고 있어 가끔 들르는 곳이다. 지인이 운영하는 가게는 물론이고 그 주변의 가게들도 통닭거리라는 특화된 상권의 영향으로 장사가 제법 잘 된다.

   하루는 친구들과 지인의 가게로 향하는데 통닭집들이 즐비한 골목에 아이스크림과 과일 등 디저트를 전문으로 파는 점포가 창업한 것을 보았다.

   "뜬금없이 통닭 골목에 웬 아이스크림 가게야?"

   친구들은 통닭거리와 전혀 어울리지 않는 가게가 들어섰다며 고개를 갸웃거렸다.

   "아니야. 완전 어울려, 완전!"

친구들의 반응과 달리 나는 디저트 가게 사장님의 기발함에 엄지를 치켜들었다. 아니나 다를까. 지인의 가게에서 통닭을 먹고 나오며 친구들은 약속이라도 한 듯이 서둘러 그 디저트 가게로 향했다. 제아무리 맛있는 통닭도 기름에 튀긴 음식이다 보니 먹다 보면 속이 느끼해지는데, 그 느끼함을 해소해줄 묘수가 바로 아이스크림과 과일 같은 상큼하고 신선한 디저트임을 깨달은 것이다.

어떤 아이템으로 창업할 것인지 궁리할 때 통닭거리의 디저트 가게처럼 잘나가는 그들을 활용하면 도움이 된다. 이미 큰 물결을 일으키고 있는 그들의 세력에 편승해 좀 더 쉽게 자리 잡고 성장할 수 있기 때문이다. 물론 실력과 제품력, 서비스 정신은 기본으로 갖춰져야 함은 당연하다.

"당근에는 당근만 있지 않다"

당근마켓이 큰 열풍을 일으키니 그 안에서도 새롭게 비즈니스가 생겨났다. 대표적인 것이 화물 운송이다. 냉장고, 에어컨, 가구와 같이 승용차 안에 들어가지 않는 물건의 경우 부득이하게 화물을 이용해야 하는데 이를 위해 개인 화물 운송업자들이 당근마켓 내에서 영업하고, 당근마켓의 이용자들이 운송업자들의 소비자가 되었다. 이 외에도 구매 대행, 동네 인증 대행 등 대행업체들도 생겨났다. 명품과 같은, 고가이면서 매물이 적고 신속하게 팔리는 제품의 경우 이용자가 수시로 상황을 살피기 어렵다. 이러한 소비자의 니즈를 충족시켜주기 위해 원하는 제품을 대행하여 구매해주는 업체가 생겨난 것이다. 또 동네 인증 역시 내가 구매하려는 제품이 우리 동네가 아닌 다른 동네에서 판매하거나 가격이 더 저렴할 때 동네 인증을 대신해주어 거래를 돕는 것이다.

유튜브도 마찬가지다. 유튜버들이 영상을 더욱 퀄리티 있게, 더욱 편리하게 올릴 수 있도록 영상편집, 촬영대행, 기획, 음악 등 다양한 분야에서 비즈니스가 만들어지고 있다. 또 사용하지 않는 방이나 집을 여행자들에게 대여하는 에어비앤비 역시 숙소 제공자의 집을 청소해주는 대행업체가 있다. 마치 악어와 악어새의 관계처럼 대형 비즈니스를 활용한 소규모 비즈니스의 창업은 양측 모두에게 도움이 되는 공생과 윈-윈의 관계로 발전돼 간다.

오프라인 공간에서도 이러한 악어와 악어새 관계의 창업은 낯설지 않다. 아주 오래전부터 남대문이나 동대문의 도매시장에는 소매업자들이 구매한 물품을 차량까지 대신 운반해주는 일명 '지게꾼'이 있었다. 일반 재래시장에도 손수레를 끌고 다니며 상인들과 소비자에게 커피나 음료를 판매하는 분들이 있었다. 이들의 영민한 전략을 좀 더 확장해서 바라볼 필요가 있다. 예를 들면, 앞서 말한 수원 통닭거리처럼 특정 제품의 판매로 유명한 상권에서 소비자들의 니즈를 해결해줄 창업을 하는 것이다.

분당 정자동의 카페거리, 서울 신림동의 순대골목, 전주 한옥마을, 테헤란로 등 특정 제품이나 이미지로 특화된 상권은 많다. 아직 창업 아이템을 찾지 못했다면 잘나가는 그들 속으로 뛰어들어 그곳을 찾는 사람들의 불편을 해결하고 니즈를 충족해줄 비즈니스에 과감히 도전해보는 것도 좋다.

특화된 대형 상권이 형성된 곳은 분명 곳곳에 가려운 곳이 있기 마련이다. 악어가 많이 있으면 악어새의 시각으로 바라보며 잘나가는 그들을 제대로 활용할 틈새시장을 찾을 수 있다. 거대한 악어가 되어 그들과 경쟁하기보다는 작은 악어새가 되어 실속을 챙기는 역발상도 창업의 세계에선 꼭 필요하다.

- 대형 비즈니스를 활용한 소규모 비즈니스로 실속을 챙겨라.
- 대형 비즈니스 속에서 소비자의 가려운 곳을 찾아 공략하라.

맥도널드의 성공방식을 훔쳐라!

#권리금 #위기속기회 #역발상

소상공인들에게 창업컨설팅을 해온 지 어느덧 16년이 되었다. 그동안 나는 다양한 업종과 규모 그리고 여러 성향의 창업자들을 만나왔고, 그들의 창업과정을 함께하며 나만의 경험과 노하우를 전하고 축적해왔다.

나에게 창업컨설팅을 받은 분 중에는 부동산 투자의 경험, 주식이나 펀드 투자의 경험이 있는 분들도 많다. 그런데 그들이 가만히 앉아서 돈을 벌 수 있는 투자가 아닌 땀으로 결실을 거두는 창업을 결심한 데는 공통된 이유가 있었다. 부동산이나 금융 투자의 결과가 롤러코스터를 타는 듯 크고 세차게 흔들리니 그 성패가 스트레스를 넘어 급기야 두려움으로 와 닿았기 때문이다.

창업하여 직접 현장에서 땀을 흘리면 이러한 변수나 리스크를 피할 수 있고, 비교적 안정적인 수익을 올릴 수 있다. 게다가 내가 노

일반적으로 생각하는 수익구조 　　부동산(권리금) 수익을 결합한 창업

력하는 만큼 더 큰 수익도 기대할 수 있기에 창업만의 분명한 매력이 존재한다. 그런데 여기에서 한발 더 나아가는 것은 어떨까? 창업도 투자처럼 좀 더 특별한 수익을 기대해보는 것이다. 즉 열심히 일해서 안정적인 수익을 올리는 것을 넘어 좀 더 창의적인 방법으로 더 큰 수익을 만들어야 한다. 바로 맥도널드처럼!

"맥도널드는 무엇으로 돈을 벌까요?"

　내가 창업컨설팅을 하며 종종 묻는 말이다. 이 질문에 상당수가 "그야 당연히 햄버거를 팔아서 돈을 벌죠."라고 답한다. 그런데 정말 그럴까?
"아니면 콜라? 감자튀김?"
"아니요. 맥도널드는 부동산 투자로 돈을 법니다!"
　말장난과도 같은 몇 번의 문답 끝에 내가 진짜 답을 말하면 다들 무릎을 치며 감탄한다. 세계 최고의 햄버거 프랜차이즈 기업인 맥도널드는 햄버거도 콜라도 감자튀김도 아닌 '부동산'으로 돈을 번다. 실제로 맥도널드의 창업주인 레이 크록Ray Kroc이 맥도널드의 정체성을 '부동산 투자회사'라고 말하기도 했다.

맥도널드는 사업 초창기에 본사의 수입이 지점 몇 개의 수입을 합한 것보다 적다는 점에 주목하며, 이를 해결한 방안을 찾았다. 고심 끝에 맥도날드는 모든 매장을 본사가 직접 소유하며 점주에게 월세를 받는 장기 임대를 생각해냈다. 프랜차이즈 수수료 및 서비스 수수료 등 가맹점으로부터 일정 비율의 돈을 받는 데다, 꼬박꼬박 월세를 받는 것이다. 게다가 건물을 매매할 땐 시세차익까지 두둑하게 챙겨 받으니 1석 3조가 따로 없다.

현재 맥도널드는 전 세계 매장 대부분을 본사 직영으로 전환했다. 제품과 서비스의 품질을 유지하기 위한 방침이기도 하나 부동산의 시세차익을 얻기 위한 선택이기도 하다. 햄버거를 팔아서 얻는 수익이 건물 매입을 위한 대출 이자를 감당할 수만 있다면 결국엔 크게 남는 장사란 것을 알기 때문이다.

내가 창업컨설팅을 하며 추구하는 것이 바로 이런 모델이다. 모든 창업자가 장사가 잘 돼서 돈을 버는 것은 물론이고 점포의 가치가 올라가서 권리금이나 시세차익까지 만족스럽게 챙길 수 있기를 기원한다.

"대한민국 부동산은 힘이 세다!"

부동산 불패 신화가 무너지고 있다지만 여전히 우리나라 부동산은 힘이 세다. 가뜩이나 좁은 땅덩이에 산지가 70%나 차지하는 데다, 전체 인구의 50% 가량이 수도권에 밀집해 있다. 지방도 교육이나 산업, 의료 등의 인프라가 잘 구축된 주요 도시 위주로 인구가 밀집돼 있기에 웬만한 곳은 부동산의 가격이 무너지지 않는다. 이런 특징을 잘 활용하여 창업한다면 후에 점포를 정리하면서 더 큰 수익을 기대할 수 있다.

물론 제한된 자본금으로 창업을 희망하는 대다수의 예비창업자에게 거대 기업인 맥도널드의 성공방식은 그림의 떡처럼 여겨질 수 있다. 그러나 절망할 이유는 없다. 모두가 맥도널드가 될 수는 없겠지만 맥도널드의 성공방식을 벤치마킹할 수는 있다. 수익금으로 점포를 매입한 은행 이자나 임대료만 낼 수 있다면 부동산 시장의 위기를 과감히 기회로 활용해보는 것이다.

서울의 주요 상권에서 목이 좋은 핵심 지역은 13~17평 규모의 상가 한 칸의 바닥권리금이 대략 8천만 원에서 1억 5천만 원까지 형성돼 있다. 바닥권리금이란 간략히 말하면 점포의 자릿값이다. 즉 이렇다 할 시설이나 집기류, 확보된 단골이 없어도 텅 빈 점포만으로 확보할 수 있는 권리금이다. 그래서 유동인구가 많고 상권이 발달한 곳일수록 바닥권리금이 높게 형성돼 있다.

주요 상권의 소규모점포들은 주로 작은 김밥집, 테이크아웃 커피숍, 계절 주스 전문점 등 회전율이 높으면서 인건비가 많이 들지 않는 업종들이 자리하고 있다. 핵심 상권이다 보니 유동인구가 많아서 매출은 보장되어 있으나 경쟁이 치열한 탓에 수익률이 낮다. 경기가 좋을 때는 이런 박리다매 전략이 꽤 유효하지만, 코로나 사태로 인해 유동인구가 확연하게 줄어든 상황에서 박리다매는 치명적인 약점이 된다.

이런 이유로 여기저기 점포를 내놓는 곳이 많아졌고, 자연스레 바닥권리금도 떨어졌다. 심지어 권리금이 절반 이하로 떨어진 곳도 쉽게 볼 수 있다. 시간이 지날수록 손해가 커지니 권리금을 낮춰서라도 얼른 빠져나가고 싶은 것이다. 눈물을 머금고 점포를 내놓는 이들의 안타까운 사정과는 별개로 평소 창업을 희망하던 또 다른 이들에게 이는 기회가 될 수 있다.

모두가 "코로나 사태와 같은 위기 상황에 누가 창업을 하겠느냐?"

고 할 때 "위기 상황이니 창업을 해야 한다"라는 역발상이 필요하다. 그 어떤 영광의 순간도, 그 어떤 위기의 순간도 결국엔 흐르는 시간과 함께 지나간다. 그러니 위기를 기회로 만들려면 그 위기 속으로 용감히 뛰어들고, 최선을 다해 버텨야 한다.

위기가 가져온 시장의 경기침체에서 가장 주목할 것은 다름 아닌 '권리금'이다. 코로나 위기가 해소되면 가장 먼저 오프라인매출이 활성화될 것이다. 그때까지만 잘 버틴다면 중심상권은 다시 살아날 것이고, 권리금도 원래의 수준으로 회복될 것이다. 물론 잘 버틴다는 것이 생각만큼 쉬운 일은 아니다. 그러나 다음의 두 가지 사항만 잘 지킨다면 분명 큰 고비 없이 기대하던 때를 맞게 된다.

첫째, 절대로 추가수익에 손대지 않는다

매출이 발생하면 수익이 생긴다. 수익은 창업을 통해 얻고자 하는 최소한의 수익인 기대수익과 그 이상의 수익인 추가수익으로 나눌 수 있다. 이 수익 중에 추가수익은 절대 손대지 말아야 한다. 변화가는 특정 아이템이 성행하면 주변 점포들이 따라 하는 경향이 강하다. 메인 자리일수록 유행 아이템에 민감하고 변화의 속도도 빠르다. 이때 유행 아이템을 빠르게 선점한 점포답게, 관리만 잘한다면 초기 3개월은 매출이 최고점을 찍을 수 있다. 그러나 6~12개월 사이에는 경쟁 점포가 우후죽순으로 등장하는 통에 매출이 절반 이하로 줄어들 수 있다. 최악의 경우 적자가 날 위험도 있다. 그래서 이러한 최악의 상황도 예상하면서 미리 대비해야 한다. 즉 추가수익을 저장해둔 상태로 경기가 회복될 때까지 버티는 것이다.

둘째, 무인형 창업을 한다

자영업자들의 가장 큰 부담 중 하나가 인건비의 지출이다. 특히 불경기에는 이러한 부담이 더욱 커진다. 스티커사진이나 인형 뽑기, 무인 셀프 빨래방 등이 붐을 일으킬 수 있었던 가장 큰 이유는 바로 '인건비'이다. 인건비를 줄이거나 아예 없애는 것은 모든 창업자의 로망이다. 급여 이외에 4대 보험, 복리후생비용, 퇴직금 등을 고려한다면 직원을 고용해서 창업하는 직종은 불경기엔 가장 피해야 할 업종이다. 설령 최고 상권의 점포가 권리금이 아예 없이 나오더라도 인건비가 많이 들어가는 업종은 얻을 것보단 잃을 게 훨씬 많다. 권리금의 시세차익을 기대한 창업은 지출을 최소화하여 이후를 대비하는 것이 가장 큰 핵심이다. 물론 인건비를 들이지 않는 만큼 창업자 스스로 사업에 세심한 정성을 쏟아야 한다.

이런 두 가지 조건을 지키려면 당장의 생계를 위해 투자하는 것은 바람직하지 않다. 짧게는 1년, 길게는 2년 정도 묵혀둘 수 있는 자본과 마음의 여유가 있어야 한다. 그리고 최악의 불경기 속에서도 내 자본금을 잃지 않으면서 부동산의 시세차익을 노리려면 해당 지역에서 가장 좋은 자리의 저평가된 상가를 고르는 안목이 있어야 한다. 또 불경기를 활용한 무인창업인 만큼 수익 이상의 더 큰 목표가 있어야 한다. 아무나 맥도널드가 될 수는 없으나 누구나 맥도널드를 흉내 낼 수는 있다.

Key Point!

- ☐ 장기적인 경기침체의 위기 속에서 '권리금'의 기회를 노려라.
- ☐ 해당 상권 가장 좋은 자리의 저평가된 상가를 찾아라.
- ☐ 수익으로 상가 매입을 위한 은행 이자나 월세는 낼 수 있어야 한다.
- ☐ 절대로 <u>추가수익</u>에 손대지 말고 경기가 회복될 때까지 무조건 버텨라.

무인점포, 맹점은 커버하고 장점은 적극 활용하고!

#머니파이프라인 #무인점포의도둑 #고객길들이기

먹고살기 위해 죽을 때까지 일해야 한다면 어떨 것 같은가? 일이 없어서 노는 것보단 힘들어도 일하는 게 더 낫다지만 건강이 보장되지 않는 노년에까지 생계형 노동을 해야 한다면 이보다 더한 고통이 없을 것이다.

죽을 때까지 일해야 하는 악몽 같은 상황을 맞지 않으려면 어떻게 해야 할까? 워런버핏은 "잠자는 동안에도 돈이 들어오는 방법을 찾아내지 못한다면 당신은 죽을 때까지 일해야만 할 것이다."라고 했다. 이 말에서 힌트를 얻자면, 결국 내가 쉴 때도 돈이 들어오고, 잠잘 때도 돈이 들어오는 튼튼한 머니 파이프라인을 만드는 것만이 답일 것이다.

안정적으로 월급이 들어오는 직장인이든 소상공인이든 본업 외에 부업을 병행하며 투잡, 쓰리잡을 하는 사람들이 늘고 있다. 게다가 여기에서 한발 더 나아가 크게 시간과 노동을 투자하지 않으면서 꾸준히 돈이 들어오는 무인점포의 창업도 증가하고 있다. 코로나 사태로 인한 비대면 사회의 도래, 장기화된 경기침체, 물가상승에 따른 꾸준한 인건비 상승으로 직원을 고용하지 않고도, 나의 노동이 들어가지 않고도 돈이 꾸준히 생기는 든든한 주머니를 준비하는 것이다.

"지켜보는 사람이 없는데 물건이라도 훔쳐가면 어떡해요?"

무인점포의 장점이 많음에도 선뜻 도전하기가 망설여지는 것은 '무인'의 맹점 또한 분명하기 때문일 것이다. 사람이 없으니 점포 안에 들어온 손님이 물건을 훔쳐갈 수도, 기물을 파손할 수도 있다. 심지어는 노숙인이나 비행 청소년의 아지트가 될 위험도 있다. 그래서 무인점포의 창업에 앞서 이런 맹점을 완벽하게 보완할 장치를 생각해두어야 한다.

2019년에 신세계 그룹은 국내 기업 중 최초로 무인결제 시스템을 도입한 셀프 매장인 24시 편의점을 열었다. 매장에 들어가려면 신용카드나 체크카드, SSG페이 앱 등에서 QR코드를 발급받아 개찰구에 스캔해야 한다. 그리고 입점 후에는 이것저것 필요한 물품을 고른 후 별도의 계산 과정 없이 매장을 나오면 된다. 구매한 물품들이 자동으로 인식되고 결제되기 때문이다. 계산하느라 줄을 설 필요도 없고, 일일이 물건을 스캔할 필요도 없으니 고객도 편리하고, 사업자로선 도난의 위험도 없으니 모두를 위한 편리한 시스템이 아닐 수 없다.

소규모 개인 점포까지 이러한 시스템이 도입되려면 시간이 걸리겠지만 키오스크와 음성 챗봇 등 무인점포를 위한 기술들이 속속 개발되는 만큼 '무인'의 맹점 또한 머지않아 보강되고 사라지게 될 것이다.

 무인점포의 경우 내가 희망하는 매장의 CCTV도 중요하지만, 만일의 경우를 대비하여 주변 CCTV의 현황도 확인하는 것이 좋다.

"그때까지 기다리는 것이 더 낫지 않을까요?"

무인점포에 관한 상담과 컨설팅을 하다 보면 도난과 파손 등에 대한 염려가 커서 기술과 시스템적인 보완이 완벽해질 때까지 기다려야 하는 것이 아니냐는 의견도 있다. 맞는 말이긴 하지만 모든 것이 완벽하게 갖춰진다면 그만큼 경쟁도 치열해진다는 것도 알아야 한다. 그래서 아직 많은 사람이 진입하지 않은 현재가 오히려 기회일 수 있다.

창업 현장에서 창업을 컨설팅하고 키오스크를 비롯한 포스시스템을 구축하다 보면 각 업종과 매장별 매출 현황을 세세히 알게 된다. 우리 회사는 무인점포 또한 여러 곳을 관리하고 있는데 대부분 매출이 안정적이고 꾸준히 상승하고 있다. 무인점포 중에서도 특히 아이스크림 매장이 큰 인기이다. 창업이나 관리에 장점이 많아서인데, 우선 냉동고와 에어컨, 키오스크 외엔 별다른 집기나 인테리어가 필요 없다. 또 아이스크림은 유통기한이 없다 보니 재고관리의 부담이 없고, 단가가 낮아서 도난 시에도 피해가 크지 않아 무인점포에 도전하는 분들이 많이 선호한다. 게다가 가격도 저렴해서 꾸준히 찾는 손님이 많아 매출도 무척 안정적이다.

아이스크림은 누구나 좋아하는 국민 간식이다 보니 굳이 권리금이나 점포세가 비싼 번화가에 자리할 필요가 없다. 오히려 주택 밀집 지역이나 초등학교 중학교 주변처럼 권리금도 낮고 보증금과 월세도 상대적으로 저렴하면서 단골 확보가 좋은 곳에서 창업하는 것이 유리하다.

아이스크림은 단가가 낮아서 굳이 훔쳐가서까지 먹으려 하지 않는다. 설령 아직 미성숙한 어른이나 아이들이 호기심에 슬쩍 훔쳐간다고 해도 크게 부담되지 않는 액수라 매출과 수익에 큰 영향을 주지 않는다. 게다가 무인점포들이 매장 곳곳에 CCTV를 설치해두고 수시로 현장을 살피고 녹화된 영상도 보는데, 아이스크림은 단가도 낮고 도난 시 큰 부담도 없어서 CCTV를 살피는 스트레스와 시간도 훨씬 줄어든다.

아이스크림을 비롯해 무인점포의 창업은 일반 창업과 마찬가지로 취급 품목의 특성과 잘 맞는 상권의 선택이 무척 중요하다. 최근에는 정육점, 과일가게, 밀키트 등도 무인점포가 많이 활성화되고 있는데, 이 역시 사무실 밀집 지역이나 번화가보다는 아파트나 원룸 등 주택 밀집 지역이 창업에 유리하다.

이외에도 무인점포는 매장 외부의 도로에 CCTV가 많이 설치된 곳에 입점하는 것이 좋다. 특히 단가가 어느 정도 있는 품목을 취급한다면 매장 내 CCTV만으로 역부족이다. 도난을 신고했을 때 제품을 훔쳐간 사람이 매장을 빠져나가 어디로 움직였는지를 파악할 수 있게 외부 도로의 곳곳에 CCTV가 있어야 한다. 게다가 매장 내외부에 CCTV가 곳곳에 있다는 점만으로도 감히 훔칠 엄두를 내지 못하게 하는 효과도 있다.

무인점포는 제품의 디스플레이도 무척 중요하다. 주인이나 직원이 상주하지 않는 매장이다 보니 손님에게 많은 권한을 주기보다는 "제품을 구경하고 구매할 때는 우리의 매뉴얼에 따라주세요."라는 메시지를 전하는 것이 중요하다. 이를 위해선 손님이 점포에 들어와서 물건을 고르고 계산하고 나가기까지의 안내를 현수막이나 포스터 등으로 시각화해서 명확하게 전해주어야 한다. 또 기물을 파손하거나 제품을 훔쳐갔을 때의 위험성도 경고할 필요가 있다. 혹시 손님이 기분 나쁘지 않을까 염려하여 이렇다 할 안내나 경고의 문구를 해두지 않아 덜컥 사고가 나는 것보단 처음부터 "우리 점포에서 즐거운 쇼핑을 하기 위해선 매너를 지켜주세요."라고 어필하며 쇼핑습관을 들이는 것이 좋다. 무인점포에 익숙해질수록 소비자는 이러한 쇼핑의 규칙과 매너를 당연하게 받아들이게 되니 안내나 경고 문구에 기분이 나쁠 이유도 없다.

처음부터 큰 수익을 기대하기보다는 앞서 말했듯이 내가 쉬거나 잠잘 때 대신 돈을 벌어주는 감사한 부업으로 여기며 차근차근 나아가다 보면 무인점포의 매력에 빠지게 된다. 무인점포를 운영하는 분들의 상당수가 여러 매장을 동시에 운영하는 것도 이런 치명적인 매력을 잘 알기 때문이다.

- ☐ 무인점포는 든든한 머니 파이프라인이다.
- ☐ 무인점포의 맹점은 기술로 커버한다.
- ☐ 무인점포에선 고객의 권한을 제한하여 쇼핑의 매너를 길들여라.

어떻게 팔 것인가를 고민하라

#박리다매 #발상의전환 #가려운곳공략

"어떻게 해서 쇼핑몰을 이 정도로 성공시킬 수 있었니?"

유명 쇼핑몰 대표인 후배 D에게 물었다. D는 "무엇을 팔 것인지보다는 어떻게 팔 것인지에 집중했다."라고 답했다.

3년 전, 쇼핑몰 사업에 처음 도전했던 D는 여느 창업자들처럼 "무엇을 팔아야 사람들이 좋아하고 잘 팔릴까?"에 대해 심각하게 고민했다. 며칠을 고민해도 답을 찾지 못하던 그때, D는 불현듯 생각을 바꿔보기로 했다. 내가 직접 제품을 기획하고 생산하는 것이 아닌, 이미 시중에 나와 있는 제품을 선택하고 파는 것인 만큼 제품을 고르는 데 지나치게 고민하지 말자는 생각을 한 것이다. 그토록 오래 고민했건만 무엇을 팔지 여전히 답을 찾지 못한 것은 각각의 제품들이 모두 저마다의 매력점을 가지고 있다는 의미였다. 또 내 마음엔 쏙 들어도 다른 사람 눈엔 그저 그럴 수도 있으니 완벽한 100점짜리 제품을 찾기보다는 제품이 어느 정도 마음에 들면 차라리 '어떻게' 팔 것인지에 집중하는 게 낫다고 생각한 것이다.

그때부터 D는 월 수익 300만 원을 목표로 하고, 어떻게 하든 매일 10만 원씩의 수익을 낸다는 세부 목표를 세웠다. 그리고 이를 달성하기 위해 하루에 만 원을 남길 수 있는 제품을 10개만 선별하자는 각오를 했다. 즉 개당 1,000원의 수익으로 10개를 팔면 만 원이 남는데, 이렇게 만 원을 남길 제품을 딱 10개만 선별하여 팔자는 '박리다매'의 전략을 세웠다.

물론 딱 10개만 선별하자는 것은 최소한의 기준일뿐이라 D는 수시로 제품을 발굴하고 쇼핑몰에 올렸다. 대신 '박리다매'의 기준은 꼭 지켰다. 대박 아이템을 찾는 대신 박리다매로 팔 수 있는 제품을 발굴하여 꾸준히 올리다 보니 어느덧 100여 개의 제품이 쇼핑몰에 올려졌고, 그렇게 몇 달이 지나자 D의 쇼핑몰은 판매의 선순환이 일어났다. 유행이 지나거나 아예 인기 없는 아이템을 제외하곤 모든 제품이 꾸준히 판매되면서 쇼핑몰이 안정 궤도에 접어든 것이다.

이후 D는 월 수익 목표를 상향하고, 그에 맞는 세부 전략을 세워 꾸준히 새로운 제품을 올렸다. 물품 구매비용의 부담이 없는 위탁판매 제품의 경우엔 마음에 드는 것이 보이면 수시로 쇼핑몰에 제품을 올렸다. 그리고 직접 물품을 구매해야 하는 제품은 소량으로 테스트하여 인기가 확인되면 대량구매를 하면서 업체와 단가조정도 했다.

홈페이지나 이커머스 플랫폼에 쇼핑몰을 창업하는 분들은 대부분 불티나게 팔리는 '대박 아이템'을 고민한다. 내 사업을 성공으로 이끌고 나를 일순간 부자로 만들어 줄 완벽한 제품을 찾는 것이다. 그런데 현실에선 그런 제품이 흔치 않다. 있다고 한들 경쟁이 치열해서 최저가의 늪에 빠지게 된다. 서로 가격을 낮추면서 제 살 깎아먹기식의 경쟁을 하는 것이다. 게다가 그렇게 핫아이템을 발굴해도 유행이 바뀌면 판매가 시들해져서 괜히 단가를 낮추려고 대량으로 제품을 구매해뒀다가 재고만 떠안는 최악의 사태도 발생한다.

모로 가도 서울만 가면 된다는 말처럼 성공 창업에 정해진 답은 없다. 대박 아이템을 발굴해서 큰 성공을 거두는 것도 좋겠으나 D의 사례처럼 발상을 전환하여 제품이 아닌 판매 방식에서 성공의 아이디어를 얻는 것도 좋다. 특히 요즘처럼 유행의 속도가 빠르고, 시장의 경쟁이 치열한 상황에서는 제품을 개발하고 발굴하는 데 쓰일 에너지를 아껴서 많은 제품을 싸게 파는 박리다매의 전략도 꽤 효과적이다.

"가장 가려운 곳부터 먼저 긁어줘라"

이미 판매할 아이템이 정해진 경우에도 발상을 전환하여 성공 포인트를 잡을 부분은 얼마든지 많다. 근래 들어 주목받고 있는 것 중 하나가 공장형 대형 카페이다. 실제 공장을 개조하여 만든 카페이다 보니 일단 그 규모에서 여느 카페와 비교가 안 된다. 매장도 넓고 층고도 높은 데다 여기저기 식물을 둘 공간도 충분해 쾌적함을 유지할 수 있다. 또 실외 공간도 넓어서 주차 걱정도 없다. 게다가 공장형 대형 카페의 대부분이 원두 판매는 물론이고 베이커리나 디저트류, 파스타와 같은 간단한 식사를 함께 팔고 있어 매출에도 도움이 된다.

카페 외에도 최근엔 다양한 분야로 공장형 대형 매장이 확대되는 추세이다. 객관적인 기준에서 볼 때도 장점이 많은 데다, 무엇보다 자원의 재활용에 시각적인 만족감과 활용성까지 더해진 '업사이클링' 건축의 특별한 매력이 친환경을 추구하는 가치 소비의 니즈를 충족시켜주기 때문이다.

5년 전 K는 스크린골프 창업의 컨설팅을 의뢰해왔다. 흔히들 같은 조건이라면 스크린골프장은 접근성이 좋아야 한다고 생각한다. 그런데 의외로 실소비자들은 주차가 편리한 곳을 선호하는 경향이 강하다. 스크린골프장에 오는 고객들은 대부분 자차로 이동한다. 이때 복잡한 도심은 주차 공간이 한정되어 있어서 주차에 대한 스트레스가 크다. 그래서 보통은 조금 거리가 있더라도 주차장이 넓은 곳을 선호한다.

골프를 즐기는 나는 소비자가 느끼는 니즈를 너무나 잘 알고 있었기에, K에게 도심이 아닌 외곽으로 나가길 추천했다. 도심을 벗어나더라도 톨게이트와 가까우면 차로 이동하는 시간이 그리 부담되지 않는다. 또 공장 건물은 도심 상가와 비교할 때 임대료도 저렴해서 남는 예산을 시설이나 인테리어에 더 투자할 수 있다. 그리고 무엇보다 주차 공간이 널찍해서 도심의 스크린골프장에서 주차 때문에 스트레스를 겪는 소비자에게 최고의 만족감을 줄 수 있었다. 때마침 스크린골프장으로 활용하면 좋을 공장 건물이 나와 있어서 '업사이클링' 건축을 통한 세련된 공간을 재창조할 것을 제안했다.

나의 제안을 흔쾌히 받아들인 K는 공장 건물을 크고 세련된 스크린골프장으로 변신시키고 적극적인 마케팅 활동을 통해 고객을 유치했다. 현재 그곳은 경기권에서 세 손가락 안에 꼽힐 정도로 골프 애호가들에게 인기가 높은 명소가 되었다. 모두가 '접근성'이 좋은 도심 공간에 집중할 때 발상을 과감히 전환하여 '편리한 주차'라는 소비자의 니즈에 집중한 덕분이다.

시장은 끊임없이 새로운 것을 요구한다. 그래서 많은 창업자가 더 새로운 상품과 서비스를 찾으려 집중한다. 그런데 정말 소비자가

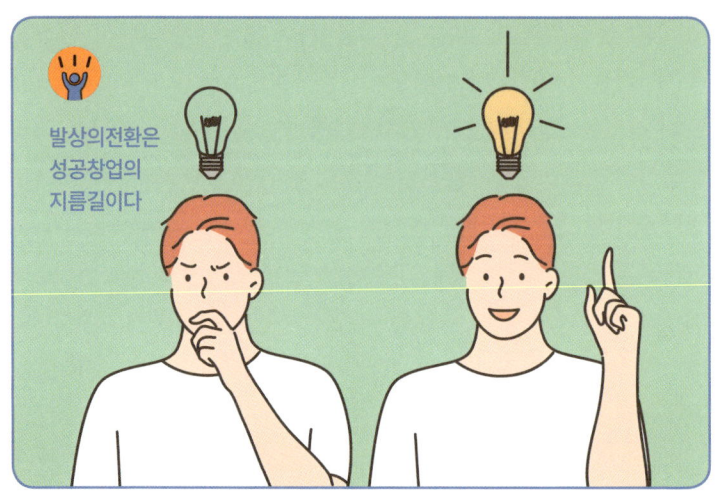

원하는 것은 새로운 것일까? 기존의 상품이라도 늘 사용하는 것이라면 조금 더 저렴하게 살 수 있기를 원한다. 거리가 가까운 것도 좋지만 주차할 때마다 느끼는 극심한 스트레스부터 시원하게 해결해주길 바란다. 무엇을 팔 것인지도 중요하지만 어떻게 팔 것인지가 더 중요할 때도 있다. 모두가 앞을 보며 나아갈 때 옆도 살피고 뒤도 살피는 다양한 시각을 가진다면, 우리가 놓친 소비자의 강력한 니즈를 포착해 어떻게 팔 것인지의 해답을 찾을 수 있다.

 **Key Point!**

- ☐ 대박 아이템에 집착하기보다는 박리다매 전략도 좋다.
- ☐ 가장 가려운 곳부터 먼저 긁어줘라.
- ☐ 새로운 니즈를 찾기 이전에 기존의 니즈부터 채워줘라.

단단한 창업전략 - 야무지게 준비하라

100전 100승의 신화를 준비하라

#철저한준비가경쟁력 #창업포지션

"신에게는 아직 12척의 배가 있습니다!"

명량해전을 앞두고 이순신 장군이 선조에게 했던 이 말은 근거 없는 자신감에서 비롯된 것이 아니었다. 배 12척으로 330여 척의 일본 배와 맞서 기적과도 같은 승리를 거둔 배경에는 목숨을 건 용맹함, 그리고 바닷물의 흐름을 미리 파악하여 전략을 세운 이순신 장군의 철저한 준비가 있었다.

명량해전만이 아니다. 임진왜란에서 정유재란까지 23전 23승의 불패 신화의 배경에는 완벽에 가까울 정도의 철저한 전투 준비가 있었다. 이순신은 강도 높은 군사훈련, 무기 제조와 전선의 건조, 아군과 적군의 장단점 분석 및 아군의 장점 강화, 남해안 일대의 물길과 지형에 대한 철저한 분석 등을 통해 전쟁의 승리를 준비했다.

개인에게 창업은 전쟁과 다를 바 없다. 최고의 결과물을 만들어 고객에게 선택받고, 수시로 생겨나는 경쟁업체들과 경쟁하여 살아남아야 한다. 게다가 소중한 자본과 시간, 열정을 들여 창업하는 만큼 실패는 패전의 타격만큼이나 치명적일 수 있다.

창업에 있어 성공 확률을 높이고 실패의 확률을 낮추는 최고의 전략은 다름 아닌 '준비'이다. 기껏 산에 다 오른 뒤에 "이 산이 아닌가벼"라며 내려와 다시 새로운 산에 올라야 한다면 얼마나 허무할까. 다시 재도전한다고 해도 그만큼의 시간과 자본, 그리고 에너지를 허비한 셈이니 손해가 이만저만이 아니다. 그러니 실패를 준비하는 것이 아니라면 창업 이전에 준비부터 완벽하게 해야 한다.

창업컨설팅을 할 때 가장 반가운 사람은 자본금이 많은 사람도 아니고 의욕이 넘치는 사람도 아니다. 내가 성심성의껏 도와주면 반드시 성공할 확신이 보이는 사람이 가장 반갑다. 그런 사람은 다름 아닌 충분한 '준비'가 된 사람이다. 창업희망자들과 상담하다 보면 "이 분은 창업에 대한 준비가 전혀 되어있지 않다"라고 느낄 때가 있다. 남들이 한다니까 덩달아서, 혹은 성공에 대한 열정만으로 무작정 창업을 하려는 것이 보인다. 반대로, "이 분은 정말 준비가 잘 되어있다"라고 느껴지는 창업자도 있다. 이들은 창업을 위해 필요한 경험을 쌓고 기술을 배우고, 정보를 얻고 공부하며 차근차근 성공의 발판을 준비한다.

"나만의 포지션을 정하고 성공비기를 준비하라"

몇 년 동안 인연을 이어오며 지켜본 K도 철저한 준비로 사업을 더욱 성공적으로 이끈 창업자 중 한 명이다. 내가 K를 처음 만났을 때 그는 도심의 대형 쇼핑몰에 있는 샌드위치 전문점에서 일하고 있었다. 군 복무를 마치고 곧장 그곳에 취업했다는 그는 일머리도 좋고,

손도 빠르고 고객을 응대하는 태도도 흠잡을 데 없었다. 내가 그곳을 방문할 때면 외식업 창업과 관련한 궁금한 것을 이것저것 자세히 물어보고, 본인의 생각도 말하곤 했다.

6개월 정도 지나자 K는 타코 전문점에 취업해서 일을 배웠는데, 그때도 궁금한 것들을 내게 메시지로 질문하곤 했다. 스물여섯이라는 어린 나이에 분명한 꿈과 목표를 가지고 차근차근 준비하고 있는 K의 모습이 너무 대견해서 나는 최대한 많은 이야기를 들려주었다. 언젠가 하루는 좀 더 긴 시간을 내어 K와 이야기를 나눌 기회가 있었는데, 그는 앞으로 3년 정도 경험을 더 쌓은 후에 창업할 계획이라고 했다.

"창업하기 전에 제가 여러 음식점에서 일하면서 어떤 것들을 배우고 익혀두어야 할까요?"

"우선은 음식의 조리법을 완벽하게 숙지하고 몸에 익혀야 해요. 직원을 두더라도 사장이 조리법을 완벽하게 알지 못하면 관리가 쉽지 않거든요."

외식업 창업을 준비하며 자신이 판매할 음식의 조리법을 완벽하게 숙지하는 것은 기본 중의 기본이 아니냐고 할 수 있을 것이다. 그럼에도 내가 이것을 가장 먼저 강조한 데는 그만한 이유가 있었다. 외식 프랜차이즈들이 우후죽순으로 생겨나면서 일부에선 조리법을 익히는 데 3~4일 정도면 충분하다고 홍보한다. 재료가 반조리 상태로 공급되기 때문인데, 조리가 간단해진 만큼 특별한 매력이 없는 흔한 맛이 나온다는 분명한 단점도 있다. 게다가 주문이 한꺼번에 몰리는 등 예상치 못한 상황이 발생했을 때 조리법을 완벽하게 숙지하지 않으면 허둥지둥하게 된다.

"제가 노트에 레시피를 정리하면서 연습하고 있는데, 앞으로 이 부분을 더 열심히 해야겠군요!"

역시 기대했던 대로 K는 자신이 일했던 곳에서 만들었던 음식의 레시피를 일일이 그림까지 그려가며 꼼꼼하게 잘 정리해두었다. K처럼 다양한 종류의 음식점에서 일하며 경험을 쌓고 조리법을 완벽하게 익히면 음식에 대한 기본이 탄탄하게 쌓여 응용도 가능하고 새로운 메뉴 개발도 가능해진다. 나는 K에게 그 점을 강조했다. 그리고 외식업에서 성공하기 위해선 음식의 맛은 기본이기에, 음식의 조리를 능숙하게 하는 것을 넘어 맛있게 만들 수 있어야 함도 강조했다. 이런 기본이 갖춰지지 않으면 바라던 성공을 얻기도 힘들기에 아예 시작도 하지 말아야 하기 때문이다.

내 말을 경청하며 열심히 메모하는 K의 열정적인 모습을 보니 그만을 위한 맞춤형 조언을 해주면 좋겠다는 생각이 들었다. 덮밥 전문점, 샌드위치 전문점, 타코 전문점에서 일한 그의 경력, 그리고 노트에 꼼꼼히 적힌 요리들의 레시피를 살피면서 나는 한 가지 공통점을 발견했다.

"지금껏 배웠던 것들이 대부분 혼자서도 먹을 수 있을 만한 메뉴들이군요. 그러면 아예 혼자 먹을 수 있는 식단을 마스터하는 건 어떨까요?"

당시 K는 테헤란로에 있는 타코 전문점에서 일하고 있었는데, 그곳은 오피스텔에 사는 1인 가구가 많은 상권이었다. 이런 상권의 특성을 잘 활용해서 1인 메뉴 배달음식점을 창업하면 좋을 듯했다. 물론 성공적인 창업을 위해선 그동안 배웠던 샌드위치, 덮밥, 타코 외에도 혼자서 먹기에 적당한 메뉴들을 더욱 다양하게 개발하고 조리법을 익힐 필요가 있었다. 나는 K에게 혼자서 식사하는 사람들이 맛있게 먹는 음식이 무엇인지 좀 더 세밀하게 파악해서 1인 메뉴에 최적화된 음식들을 개발하고 훈련해보라고 조언했다.

K는 나의 의견을 너무나 긍정적이고 빠르게 흡수해갔다. 그는 6개

월 단위로 일터를 바꾸면서 다양한 1인 메뉴들을 섭렵했다. 퇴근 후엔 혼술, 혼밥과 관련한 책들과 영상자료를 보며 자신만의 메뉴를 개발하고 연습하며 레시피 노트를 더욱 알차게 채워갔다.

이렇게 3년여의 탄탄한 준비 기간을 거치며 창업자금과 충분한 실력을 갖춘 K는 계획대로 오피스텔 밀집 상권에서 1인 메뉴 배달음식점을 창업했다. 상권의 특성을 잘 분석하여 자신만의 포지션을 정하고, 4년여의 꾸준한 경험과 훈련, 그리고 알찬 레시피 노트까지 준비한 덕분에 현재 많은 단골을 확보하며 성공 가도를 달리고 있다.

에이브러햄 링컨은 "나무를 베는 데 한 시간이 주어졌다면 나는 도끼를 가는 데 45분을 쓰겠다."라며 준비의 중요성에 대해 강조했다. 준비되지 않은 무딘 날로 나무를 베려면 그만큼 시간과 힘이 더 들어간다. 잘 갈린 날로 나무를 베는 사람이 수십 그루의 나무를 베는 사이에 준비하지 않은 사람은 한 그루의 나무도 채 베기 어려울 수 있다. 전쟁이든 창업이든, 하다못해 나무를 베더라도 내게 주어진 시간과 돈, 에너지를 활용해 최고의 결과를 얻으려면 그만큼 철저한 준비가 필요하다.

- ☐ 철저한 준비로 창업의 성공 확률을 높인다.
- ☐ 창업 포지션을 정하고, 최고가 될 정도로 철저하게 훈련하고 준비하라.

준비 없는 급발진은 급정지를 부른다

#진짬뽕의비밀 #충분한준비와검증

"와! 이거 진짜 제대로인데? 앞으론 짬뽕 대신 이걸로 먹어도 되겠어!"

 평소 라면류를 즐기지 않는 나는 우연히 오뚜기에서 출시된 진짬뽕을 먹곤 감탄을 연발했다. 그런데 얼마 뒤 진짬뽕이 탄생하기까지의 개발 스토리를 듣곤 더 크게 감동했다. 출시 당시 1초에 7개씩이나 팔리며 5개월여 만에 1억 개가 판매된 진짬뽕의 성공은 이미 예견된 일이었다. 오랜 기간 연구하고 검증한 끝에 탄생시킨 맛이었기에 성공하지 않을 수 없었다.

진짬뽕 개발을 위해 '진짬뽕 TFT'까지 꾸린 오뚜기는 인터넷, 방송, SNS를 분석해 전국에서 맛있기로 유명한 88곳의 짬뽕 전문점을 찾아내 직접 방문하고 맛을 평가했다. 그리고 그중 가장 맛있다고 평가된 곳의 맛을 분석하기 위해 30차례 이상을 재방문해 조리방법을 배우고 맛의 비결을 찾았다. 연구팀은 중화요리 전문점의 짬뽕 맛을 구현하기 위해 수백 회의 조리테스트를 했고, 불맛을 내기 위해 웍Wok을 활용한 조리도 연구했다. 그뿐만 아니다. 일본에서 유명한 짬뽕집을 여러 차례 찾아가 직접 맛을 보며 육수 맛의 비법을 연구했다. 이때 맛의 비법을 알아내려 가게 뒤에 놓인 빈 상자까지 살펴보는 등 각고의 노력을 다했다. 또 분말스프보다 제조공정이 까다로움에도 불구하고 국물의 맛을 제대로 잘 살리기 위해 과감히 액상스프를 선택했다.

몇 분 안에 뚝딱 만들어 내는 인스턴트 음식이지만 맛만큼은 여느 중화요리점 못지않게 구현하려는 '진짬뽕' 개발팀의 오랜 수고와 노력은 성공을 꿈꾸는 많은 창업자가 반드시 명심해야 할 가르침이다. 제아무리 좋은 아이디어가 있어도 그것을 현실에서 구현하는 과정은 충분한 준비와 검증이 필요하다.

창업 현장에서 수많은 예비 창업가들을 컨설팅하며 가장 염려스러운 상황이 느닷없는 급발진이다. 충분한 준비와 검증을 거치고 창업해도 성공이 힘든 상황에서 넘치는 자신감으로 일단 출발부터 하는 것이다. 빨리 시작해야 빨리 성공할 수 있다는 조급함 때문일 수도, 내가 하면 무조건 성공한다는 근거 없는 자신감의 발로일 수도 있다. 이유가 무엇이든 충분한 준비 없는, 맹목적인 급발진으로 원하던 성공을 얻는 경우는 거의 없다.

"꽂히면 가는 급발진 창업자의 특징"

창업컨설팅을 하다 보면 유독 급하게 서두르는 사람들을 보게 된다. 이들은 지금 당장 출발하지 않으면 성공을 놓칠 것처럼 조급해하며, "충분한 준비가 필요하다"라는 전문가의 조언을 마치 자신의

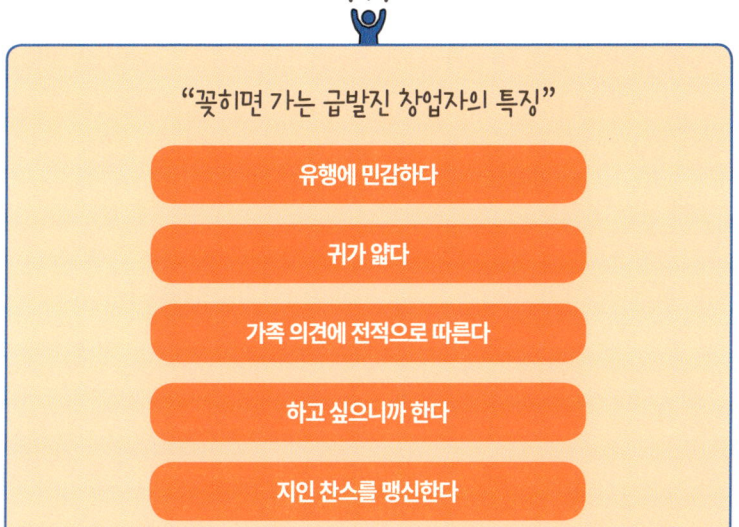

성공을 방해하려는 말처럼 여기며 무시한다. 이렇듯 별다른 준비 없이 무작정 급발진하려는 이들에겐 몇 가지 공통점이 있는데 정리하면 다음과 같다.

유행에 민감하다

 이들은 요즘 시장에서 ☆☆이 뜬다고 하면 당장 그것을 해야 한다며 앞뒤 없이 뛰어든다. 그간 구슬 아이스크림, 대만 카스테라, 핫도그, 생과일주스, 마라탕 등등 일일이 사례를 열거하기 어려울 정도로 유행 아이템이 많았다. 그런데 유행에 편승했던 사람 중에 지금까지 승승장구하는 이가 얼마나 될까? 그 많던 ☆☆ 가게들은 다 어디로 갔을까? 유행의 물결에 잘 올라타서 만족할 만한 권리금을 받고 안전하게 빠져나온 사람들은 그나마 운이 좋은 경우이다. 대부분은 눈물을 머금고 다음 유행 아이템에 밀려나고 만다.

귀가 얇다

이들은 한 마디로 팔랑귀 스타일이다. "요즘 ☆☆이 잘된다", "누구는 ☆☆ 장사해서 이만큼 번다"라는 단편적인 이야기만 듣고는 곧장 실행에 옮긴다. "요즘은 ☆☆이 별로 인기가 없다"라는 말에 금세 사업을 접을 것이 아니라면, 정말 그 아이템이 사업성이 있는지, 장기적으로 성장 가능성이 있는지도 꼼꼼히 살펴야 한다. 그리고 설령 ☆☆이 잘 되는 아이템이고 장기적으로 성장 가능성이 있다고 해도 누가 어디에서 어떻게 하느냐에 따라 결과는 확연하게 달라질 수 있기에 본인에 대한 점검과 준비가 우선되어야 한다.

가족 의견에 전적으로 따른다

안정적으로 고액의 연봉을 받는 직장인의 경우 아내가 창업하고 싶다고 하면 크게 관여하지 않고 무조건 의견을 따르는 경우가 많다. "아내가 하고 싶대서 옷가게를 차려줬다"와 같이 일종의 선물처럼 생각하기 때문이다. 통 큰 선물도 좋지만 적지 않은 돈이 들어가는 만큼 신중하게 생각하고 충분히 준비할 필요가 있다.

하고 싶으니까 한다

왜 ☆☆을 창업하는지를 물으면 "하고 싶어서"라고 대답하는 사람이 의외로 많다. 꽃집을 하고 싶어서, 카페를 하고 싶어서, 빵집을 하고 싶어서와 같이 그냥 하고 싶어서 창업하는 것이다. 이들은 해당 업종의 막연한 이미지만 보고 판단하는 경우가 많아서 막상 창업 후엔 본인이 예상하던 그림과 달라 금세 폐업을 결심하기도 한다.

지인 찬스를 맹신한다

 마당발처럼 인간관계의 폭이 넓고 가족, 친구, 이웃 등과 친분이 두터운 사람들이 흔히 하는 착각이 내가 창업하면 그들이 모두 내 고객이 되고 단골이 될 것이라는 생각이다. 이것이 얼마나 터무니없는 생각인지 6개월도 안 돼 여실히 드러난다. 내 점포만의 특별한 매력점이 갖춰지지 않는다면 대부분이 창업 초창기에 잠깐 한두 번 들르곤 원래의 단골집으로 간다. 지인 찬스가 일회성으로 끝나지 않고 오랜 단골로 이어지게 하려면 결국 충분한 준비를 통한 경쟁력 있는 창업을 해야 한다.

 충분한 검증과 준비가 필요하다는 말이 무조건 천천히 가야 한다는 의미는 아니다. 계획을 세웠으면 빨리 실행에 옮기는 것은 좋으나 급히 먹는 밥이 체한다고, 무언가에 빠르게 꽂히다 보면 옳고 그름에 대한 사리분별력이 흐려지기에 객관적인 검증이 꼭 필요하다.
 가장 좋은 검증 수단은 동종업종을 해봤던, 혹은 현재 종사하고 있는 선배들이다. 굳이 지인이 아니더라도 동종업종이나 비슷한 업종에 종사하는 분들에게 수익성은 좋은지, 전망은 어떨지 등에 대해 문의하고 조언을 받는 것이다. 감사의 표시로 작은 선물까지 준비한다면 성의와 열정을 봐서라도 대부분은 흔쾌히 응해준다.
 내 아이템과 관련한 스터디 소모임, 창업 소모임도 참여하면서 여러 사람의 이야기를 들어볼 필요가 있다. 또 관련 분야의 책을 낸 저자들이나 전문가들에게 이메일이나 카톡으로 연락하여 나의 사업 아이디어가 과연 현실적으로 구현 가능한지, 성공 가능성이 있는지, 어떤 준비가 필요한지 등의 조언을 받는 것도 좋다. 책을 출간했다는 것은 그 분야에 대한 지식과 경험, 지혜도 많겠거니와 그 분야에서 본인을 어필하고 인정받으려는 욕구도 크다. 그래서 보통은 이메일이나 카톡 아이디 등을 공개하고, 언제든지 관련 문의를 환영한다는 문구를 써놓는다. 그리고 실제로 상담이나 조언도 적극적으로 해준다. 참고로, 나 또한 언제든 이러한 문의를 환영한다!

- ☐ 충분한 준비와 검증을 거치고 창업해도 성공이 힘든 상황에서 급발진은 만용이다.
- ☐ 충분히 준비하고 검증하는 것은 천천히 가는 것과는 다르다.
- ☐ 동종업종 사업가나 전문가에게 구체적인 조언을 구해라.

1인 창업! 슈퍼맨이 될 순 없어

#1인창업의흔한착각 #충분한준비 #외주를적극활용

  백지장도 맞들면 낫다고, 창업할 때도 함께할 직원이 있다면 더없이 좋을 것이다. 그러나 무보수로 시간과 노동, 아이디어를 내어줄 사람은 없기에 자본이 넉넉하지 않은 창업자는 1인 창업을 계획하고 진행하는 경우가 많다. 그런데 나 홀로 창업, 1인 창업이라고 해서 정말 혼자서 모든 것을 다 해내야 할까? 그럴 수도 없지만 그래서도 안 된다. 1인 창업은 고정적인 급여가 나가는 직원을 두지 않는다는 것이지 모든 것을 나 혼자 다 한다는 의미는 아니다. 필요하다면 외주를 적극적으로 활용하면서 업무의 퀄리티와 효율성을 높이면 된다. 비용은 나가겠지만 그만큼 전문적이고 속도감 있게 일을 진행할 수 있어서 투자 대비 효과는 무척 크다.

  창업은 크게 몸을 주로 쓰는 창업과 머리를 주로 쓰는 창업으로 나눌 수 있다. 식당, 카페, 편의점, 헤어샵 등 오프라인 점포에서 주로 볼 수 있는 업종은 대부분 몸을 주로 쓰는 창업에 속하고, 인터넷쇼핑몰, 온라인 플랫폼, SNS를 기반으로 한 광고마케팅과 같이 아이디어를 가지고 전략을 세워서 추진하는 사업은 머리를 주로 쓰는 창업이라 할 수 있다.

"부족한 부분은 외부 전문가에게"

어떤 형태의 창업이든 본인의 부족한 부분을 정확하게 알고, 도움이 필요한 부분은 외주를 활용해야 한다. 요즘은 상품의 제작은 물론이고 홈페이지 만들기, 영상 찍기, SNS 홍보 등 외주로 해결할 수 있는 것들이 많다. 그리고 굳이 직원들 두고 하지 않아도 될 정도로 실력도 우수하고, 상대적으로 가격도 낮다. 내가 잘할 수 있는 부분에선 장인정신을 발휘하되, 자신 없는 부분은 전문가의 컨설팅을 받고 적절하게 외주를 주는 것이 목표를 이루는 더 정확하고 빠른 길이다.

몸을 주로 쓰는 창업은 창업과정에서의 기획이나 마케팅 전략 등 아이디어적인 부분이 부족하니 아예 이 부분을 전문가에게 외주를 주는 것이 좋다. 그리고 외부 전문가가 제공하는 프로그램과 솔루션을 충실하게 따르면 된다. 몇 년 전에 1인 창업으로 소규모 국수전문점을 준비하는 P를 도운 적이 있다. P는 생각하거나 아이디어를 짜내는 것을 싫어하는 대신 주어진 일을 꼼꼼하고 책임감 있게 하는 성격이라 내가 제안한 것들을 성실하게 잘 따랐다.

매장의 규모도 작은 데다 메뉴 또한 제한적이었으나 다행히 유동인구가 많은 지역이라 나는 박리다매 전략을 제안했다. 그리고 테이블의 회전율을 높이기 위해 키오스크를 설치하여 주문의 속도를 높이고 노동량도 줄이도록 했다. 국수의 기본 베이스가 될 육수와

1인 창업! 슈퍼맨이 될 순 없어
모든 일을 혼자서 다 잘 할 수는 없다.

토핑으로 쓰일 재료의 손질은 오픈 전에 모두 마무리하고, 매장 정리와 청소는 반드시 그날 끝내고 퇴근하는 등 일이 한번에 몰려 혼란을 겪지 않도록 최대한 꼼꼼하게 매뉴얼을 만들어주었다. P는 성실한 성격답게 내가 제안한 모든 것을 자동화된 기계 수준으로 완벽하게 해냈다. 충분한 준비와 성실한 태도까지 갖춰진 덕분에 P는 1호점 창업 후 3년 만에 2호점을 열어 두 매장 모두 만족할 만한 성과를 거두고 있다.

한편 머리를 주로 쓰는 아이디어형 창업은 평소 주위에서 "너 참 생각이 기발하다!", "진짜 괜찮은 아이디어다!"라는 평가를 자주 듣는 사람들이 생각해보면 좋다. 남들은 전혀 그렇게 생각하지 않는데 본인만 자신의 아이디어가 기발하고 뛰어나다고 생각해서 도전하는 것은 자칫 실패를 부르는 지름길이 될 수 있다.

창업컨설팅을 하다 보니 주위 친구나 지인들이 자신의 아이디어에 대한 의견이나 조언을 구할 때가 많다. 그런데 그들 중 상당수가 자신의 기대와는 달리 그다지 기발하지 않은 아이디어이거나 현실성이 떨어지는 아이디어라 듣다 보면 황당한 경우가 많다. 그래서 아이디어형 창업을 생각한다면 자신의 아이디어를 가족이나 친한 친구와 같은 극소수가 아닌 최소 10명 이상의 사람에게 들려주고 평가와 조언을 구하는 것이 좋다. 소수에게 의견을 구하는 것은 주관적 견해일 수 있기에 다수에게 조언을 구할 필요가 있다. 이때 그들의 이야기를 수용할 수 있는 열린 태도가 필요하다. 내 생각이 무조건 옳다는 틀 안에 갇힌 채 조언을 구하는 것은 의미가 없다.

또 머리를 주로 쓰는 창업은 창업자 본인이 기획력이나 마케팅 능력 등 아이디어가 뛰어난 만큼 아이디어적인 부분은 혼자서 하되 그것을 현실에서 구현하는 부분은 외주를 활용할 필요가 있다. 제품의 제작은 물론이고, 필요에 따라 앱 개발이나 홈페이지 제작, 광고 영상이나 로고 제작 등 내게 부족한 부분들을 외주로 활용하는 것이다. 요즘은 '크몽'과 같이 내 일을 대신해서 해주는 프리랜서 플랫폼이 아주 잘 발달해 있어서 쉽게 전문가의 도움을 받을 수 있다.

강남에서 와인 사업을 하던 S는 골프가 점점 대중화되는 데다 코로나로 외국에 쉽게 나갈 수 없는 상황에서 국내 골프의 인기가 높아지고 있는 변화를 빠르게 간파했다. 이러한 변화에도 불구하고 국내 골프웨어는 여전히 높은 가격대를 유지하고 있었기에 S는 세련되고 품질도 좋으면서 합리적인 가격대의 골프웨어를 만들어 온라인으로 판매하기로 했다.

1인 창업을 계획했던 그는 제품 기획과 마케팅 등 머리를 쓰는 부분에 자신이 있었기에 그 일은 본인이 직접 맡아서 하기로 했다. 브랜드를 만들 때 필요한 정보의 수집과 직접적인 진행, 제작된 옷을 촬영하고 편집해서 홈페이지에 올리는 것, 판매할 쇼핑몰을 만드는 것, 마케팅을 진행할 디지털 매체의 관리는 본인이 직접 했다. 이미 오랜 훈련을 통해 실력을 갖춘 부분도 있었고, 새로운 분야는 꼼꼼하게 계획을 세워 직접 공부하면서 진행했다.

반면 옷의 제작은 외주를 주는 시스템으로 진행했다. 외주업체 선정에서 가장 중요한 것은 단연 실력이다. 실력 있는 업체를 찾으면 품질도 보장되고 직접 공장을 운영하며 옷을 제작하는 것보다 단가도 상대적으로 저렴하다. 원하는 디자인과 관련한 자료를 제공하되, 전문가인 외주업체의 말을 경청하며 트렌드가 될 만한 골프의류의 제작을 의뢰했다.

외주업체를 통해 디자인과 품질이 뛰어난 골프웨어를 생산하고, 본인의 아이디어와 기획력, 마케팅력으로 온라인 공간에서 소비자들 사이에 인지도를 높인 덕분에 현재 S는 국내 골프웨어 시장에서 기대 이상의 성과를 거두고 있다.

"충분한 준비 기간을 가져라"

1인 창업은 말 그대로 혼자서 준비하고 실행하는 창업인 만큼 충분한 준비가 필요하다. 마음의 준비부터 여건의 준비까지 모두 완벽하게 한 후에 창업해야 실패의 확률을 줄일 수 있다. 창업의 시기를 앞당기려 준비를 소홀히 했다가는 막상 창업 후 업무의 실행과정에서 여기저기 허술한 곳이 드러나 몇 배로 더 곤란을 겪게 된다.

몸을 주로 쓰는 창업이든 머리를 주로 쓰는 창업이든 혼자서 준비하고 시작하는 1인 창업은 6개월에서 1년 정도의 충분한 준비 기간을 가져야 한다. 그리고 전자인 몸을 주로 쓰는 창업의 경우엔 이 기간에 현장에서의 실무를 충분히 익혀야 한다. 즉 나 자신을 기계로 만든다는 생각으로 완벽한 업무 매뉴얼을 준비하고 익혀야 한다. 국수 전문점을 창업했던 P 역시 충분한 준비 기간을 가지며 모든 업무를 완전히 숙지한 덕분에 창업 첫날부터 매장 내의 모든 업무를 혼자서 거뜬히 해낼 수 있었다.

매장에서 출근하여 오픈 전까지 준비할 것들, 고객이 입장하고 이후부터 진행해야 할 행동들, 진행 중에 나오는 돌발변수들, 마감 후에 진행해야 할 것들, 휴일에 해야 할 사항들, 각종 거래처에 대금을 정산해야 하는 일자 등을 숙지하고 기계처럼 자동으로 그 일을 해낼 수 있을 정도로 준비하고 훈련해야 한다. 또 제과제빵이나 미용처럼 전문적인 기술이 필요한 업종은 기술습득과는 별개로 창업 준비에 충분한 시간을 가져야 한다.

후자인 머리를 주로 쓰는 창업의 경우엔 내가 가진 아이디어와 계획을 실행해줄 업체들을 알아보고, 그에 필요한 예산과 절차들을 사전에 체크해야 한다. 가령, 인터넷쇼핑몰을 창업한다면 홈페이지의 제작은 어디에 의뢰할 것인지, 또 쇼핑몰의 홍보는 어떻게 할 것인지, 브랜드의 디자인은 어디에 의뢰할 것인지, 댓글이나 후기를 전문으로 해주는 업체를 선정할 것인지, 고객을 응대하는 통로는 어떻게 구성할 것인지 등을 결정해야 한다.

 몸을 주로 쓰는 창업과 머리를 주로 쓰는 창업 모두 이러한 준비들을 할 때는 동종업종에 자문하든 경쟁업체를 벤치마킹하든 온·오프라인으로 각종 자료를 찾든 온갖 방법을 총동원하여 최대한 많은 준비를 해야 한다. 골프의류를 제작하고 온라인 판매를 했던 S 또한 수개월 동안 의류를 만드는 곳들을 직접 찾아다니면서 정보를 구하고, 유명 골프의류 브랜드의 제품과 마케팅 기법 등을 분석하며 자신에 맞게 벤치마킹했다. 또 실제 골프를 즐기는 사람들을 찾아가 골프의류에 대한 니즈를 파악하고, 제품의 제작에 이러한 니즈를 반영할 수 있는지도 전문가와 의논하며 차근차근 창업을 준비해나갔다.

 1인 창업은 혼자이지만 결코 혼자가 아닌 창업이다. 혼자 해결할 수 없는 부분은 외부의 도움을 적극적으로 활용하고, 내가 해결할 부분에선 철저한 준비와 훈련을 통해 업무를 완벽하게 숙지해야 한다. 개중에는 장인정신을 무척 중요하게 생각해서 외주를 주지 않고 하나하나 본인이 직접 하려는 분도 있다. 그런데 현실은 마음과 달리 일의 진행도 훨씬 더딜 뿐더러 퀄리티도 외부 전문가에게 맡길 때보다 못한 경우가 많다. 실제로 이런 경우 몇 년이 지나도록 제자리걸음만 하기도 한다. 1인 창업이 성공하기 위해서는 철저한 준비와 외주의 적극적인 활용이 필요함을 잊지 말아야 한다.

- 마음의 준비부터 여건의 준비까지, 모두 완벽하게 준비한 후에 창업하라.
- 혼자서 다 할 생각은 버려라. 전체를 아우르는 능력을 갖추되, 내가 부족한 부분은 외주를 적극적으로 활용하라.

모르면 당하는 창업세계의 검은 손

#창업시장의쓰레기 #프랜차이즈옥석

　개인 창업과 비교할 때 프랜차이즈 창업이 조금 더 수월하고 기술이나 제품력도 전문적이라고 생각하는 경우가 많다. 그런데 이는 모든 프랜차이즈 기업에 해당하는 이야기가 아니다. 제품이나 서비스의 경쟁력이 강하고 가맹점과 윈-윈하는 건실한 프랜차이즈 기업도 많지만 더러는 나쁜 프랜차이즈 기업도 있다. 이들은 가맹점의 등골만 빼먹는 창업 시장의 쓰레기와도 같은 존재이기에 프랜차이즈 기업을 선택할 때 이를 꼼꼼히 타진하며 옥석을 가릴 필요가 있다.

　착한 프랜차이즈와 나쁜 프랜차이즈를 가리는 가장 간단한 방법은 그 기업이 취급하는 아이템과 성장방식이다. 대부분의 나쁜 프랜차이즈들은 심혈을 기울여 제품을 개발하기보다는 유행하는 아이템을 그대로 흉내 내고 베끼는 전략을 사용한다. 예컨대 대만 카스테라가 유행한다면 제품도 그대로 베끼고 인테리어나 서비스 매뉴얼도 그대로 흉내 내 유사 브랜드를 만드는 것이다. 이런 경우 고객은 버젓이 원조 브랜드가 있으니 굳이 유사 브랜드에서 제품을 구매할 이유가 없어 매출도 실망스러울 수밖에 없다. 게다가 이런 프랜차이즈는 베끼기 전략으로 계속 다른 브랜드들을 만들어 내고, 유행이 지나면 더는 신경을 쓰지 않는 탓에 가맹본사로서의 역할도 제대로 하지 않는다. 말 그대로 가맹점의 등골만 쏙 빼먹곤, 장사가 안되는 것은 모두 가맹점주의 잘못이라며 나 몰라라 하는 것이다.

처음부터 그런 나쁜 마음으로 프랜차이즈를 만들기도 하지만 더러는 성장기에 무리한 확장 욕심으로 초심을 잃고 변질하는 기업도 있다. 그래서 프랜차이즈를 선택할 때 그 기업이 어떻게 성장했는지 정보공개서를 꼼꼼히 살피고, 직접 여러 지역의 가맹점들을 체험하고 인터뷰하며 평판을 들어볼 필요가 있다.

한편 수익률을 부풀려서 가맹점을 모집하는 나쁜 프랜차이즈도 있다. 실제 수익률이 20~30%인데, 수익률 계산에 대해 잘 모르는 분들을 상대로 직원을 쓰지 않고 본인과 가족이 함께 일하면 40~50%도 충분히 나온다며 과장해서 말한다. 나와 내 가족의 인건비도 인건비로 책정되어야 하기에 실제 수익률은 그보다 훨씬 낮음에도 당장 40~50%라는 숫자에 현혹되게 하려 꼼수를 부리는 것이다.

더러는 본사와 점주가 공동명의로 창업할 것을 제안하는 프랜차이즈도 있다. 점포의 운영은 본사가 직접 할 테니 점주는 비용만 투자하여 주주처럼 수익만 가져가라는 것이다. 예를 들어 5억 원짜리 매장을 진행한다면 본사에서 2억 5천만 원을 투자할 테니 당신도 2억 5천만 원을 넣어 주주가 되어 그에 해당하는 수익을 가져가라고 제안한다. 이런 경우 초기 창업비용을 과다하게 책정해서 진행하는 경우가 많다. 즉, 실제 비용은 3억 원 정도만 투자됨에도 5억 원이 들어간다고 과장해서 말하고 본사는 5천만 원만 부담하면서 절반의 지분에 대한 수익, 그리고 운영에 필요한 경비까지 챙겨가는 것이다. 따라서 가맹 본사의 말만 무조건 믿을 것이 아니라 비슷한 업종과 규모의 다른 프랜차이즈들을 타진해보면서 실제로 초기 창업비용이 어느 정도 들어가는지에 대한 현실적인 기준을 갖는 것이 좋다.

"잘 알지 못하면 매출이 술술 샌다!"

프랜차이즈 본사가 아닌 가맹점주가 동업자를 기만하는 일도 더러 발생한다. 같은 브랜드로 여러 가맹점을 운영하던 T는 추가로 가맹점을 개설하며 지인인 Y에게 동업을 제안했다. 직접적인 운영은 본인이 할 테니 돈만 절반을 투자하고 투자금과 매출에 비례한 수익을 가져가라는 제안이었다. 직장인이었던 Y는 돈만 투자하면 매달 또 다른 수익이 생기니 부업으로 이만한 것이 없단 생각에 흔쾌히 동의했다. 더군다나 T는 이미 같은 브랜드 가맹점을 여러 개 운영하며 노하우도 있었기에 믿고 맡길 수 있었다.

T는 Y가 매장 운영에 관여하지 않는 것을 악용해 동업으로 창업한 매장의 매출을 자신의 매장으로 빼돌렸다. 자신이 운영하는 매장의 이동식 카드단말기를 가져다 놓고 공동 매장의 매출을 그 카드기로 결제한 것이다. 손님은 카드 명세서에 적힌 프랜차이즈 상호가 같으니 전혀 신경 쓰지 않았고, 직원들도 같은 사장이 운영하니 어떤 카드단말기로 계산을 하든 상관없다고 생각했다.

물론 나쁜 프랜차이즈, 나쁜 동업자는 소수에 불과하다. 그럼에도 똑똑하게 잘 알지 못하면 그 소수의 먹잇감이 내가 될 수 있다. 마냥 의심해서도 안 되지만 무조건 믿고 따라서도 안 된다. 돈과 시간, 열정이 투자되는 만큼 주체가 되어 열심히 공부하고, 적극적으로 관여해야 한다. 그래야 믿는 도끼에 발등 찍히는 일이 안 생긴다.

Key Point!

- ☐ 나쁜 프랜차이즈에 속지 않으려면 주체가 되어 공부하고, 가맹점의 평판에도 귀 기울여라.
- ☐ 베끼기 전략만 주력하는 프랜차이즈는 일단 걸러도 된다.
- ☐ 창업비용에 대한 분명한 기준을 가져라.
- ☐ 마냥 의심해서도 안 되지만 무조건 믿고 따라서도 안 된다.

아직도 POS 데이터를 믿나요?
#POS데이터조작 #매출은직접현장을확인

현재 영업 중인 매장을 인수할 때 예비창업자들이 가장 신경 써서 살피는 것은 무엇일까? 단연 '매출'이다. 매장의 입지조건이나 유동인구, 인테리어 등도 중요하지만 이 모든 것이 결국 매출을 파악하기 위한 참고 자료가 된다. 그래서 현 운영자들은 매출을 증명할 객관적인 자료로 POS 데이터를 보여주고, 예비창업자도 이를 큰 의심 없이 받아들인다. 그런데 과연 POS 데이터는 100% 신뢰할 만한 자료일까?

몇 년 전의 일이다. 거래처의 직원이 자신의 친구 B가 커피숍을 창업하려는데 상담을 좀 해달라며 부탁을 해 왔다. 이미 다른 창업컨설팅 회사와 가게 자리까지 알아보고 있는 터라 내가 크게 개입할 것은 없어 보였다. B는 직원 없이 혼자서 운영할 수 있는 커피숍을 찾는데, 창업컨설팅 회사에서 소개받은 곳 중에 마음에 드는 곳이

POS매출을 무조건 믿으면 안된다. 매출관련 가장 정확한 데이터는 여신금융협회의 카드사 매출자료가 신뢰할 수 있다.

있어 계약하려는데 내게 지인인 척하며 그 점포를 한번 살펴봐 줄 수 있냐고 했다. 정식 의뢰가 아니었지만 나는 프로의식을 발휘하며 흔쾌히 그러겠노라 했다.

"POS 데이터의 오류 메시지를 파악하라"

현 운영자는 하루 매출이 평균 60만 원 정도이고 월 매출이 평균 2천만 원 정도 나오는 매장인데 직원을 따로 두지 않고 혼자서 운영한다고 했다. 나는 고개를 갸웃했다. 커피와 음료의 평균 단가를 3,000원으로 잡았을 때 하루 200잔을 만들어야 하루 60만 원의 매출이 나온다. 거기다 매장 청소와 재료준비 등 부가적으로 해야 할 일도 만만치 않다. 그런데 혼자서 그 일들을 다 한다고?

사실 커피숍에서 하루 매출이 60만 원 정도 나온다면 시간제 아르바이트 직원을 두어도 수익에는 큰 지장이 없다. 그런데 굳이 직원을 두지 않고 혼자 그 많은 일을 다 한다는 것이 선뜻 이해가 안 갔다. 게다가 이상한 것은 그뿐만이 아니었다. 점심때가 지난 오후 시간임에도 매장이 많이 한산했다. 커피숍을 비롯한 유사 업종의 창업컨설팅을 수도 없이 해온 나로서는 매출액에 대한 분명한 공식이 잡혀있다. 그런데 이 공식을 적용해볼 때 내가 눈으로 직접 확인한 점포의 상황은 현 사장이 말한 매출이 나오기가 아주 힘든 경우였다.

내 표정을 살피던 현 운영자는 POS 데이터를 확인해보아도 좋다고 했다. POS 프로그램을 열어 매출 자료를 살펴보니 예상대로 매출이 잘 정돈되어 있었다. 57만 원, 59만 원, 61만 원, 60만 원, 62만 원, 58만 원 등등 마치 손님들이 "이곳에는 하루에 60만 원을 딱 맞춰서 팔아주자"라고 약속이라도 한 듯이 매출이 가지런하고 반듯했다. 이쯤 되면 짐작이 될 것이다. 그렇다! 매출을 가짜로 넣은 것이다.

그렇다면 이 매출이 가짜인지 아닌지는 어떻게 증명할까? 고수들만 아는 비밀이 있다. 바로, 카드와 현금의 비율을 보면 된다. 영업 중인 매장을 좋은 가격에 넘기려고 매출을 조작하는 경우가 더러 있다. 예를 들면, 일 평균 매출이 30~40만 원 수준인데 60만 원으로 올리려고, 부족한 매출인 20~30만 원을 현금으로 마구 찍어 넣는 것이다. 짐작대로 이곳 역시 현금매출의 비중이 비현실적일 정도로 높았다.

나는 그 정도면 충분하다는 판단에 적당히 상황을 마무리하고 B를 데리고 그곳을 빠져나왔다. 현 운영자에게 "현금매출이 왜 이리

비정상적으로 높냐?"라고 묻는 것은 의미가 없다. "당신이 이쪽 상권에 대해 뭘 아느냐? 이곳 사람들은 원래 카드보다 현금을 더 많이 쓴다."와 같은 빤한 답을 들을 게 분명하기 때문이다.

이러한 나의 설명에 B는 POS 매출을 조작할 수 있느냐며 황당해 했다. 요즘은 많은 소비자가 금액과 무관하게 신용카드나 체크카드로 결제를 한다. 대중교통은 물론이고 대부분의 점포에서 카드결제가 가능하니 굳이 귀찮게 현금을 가져 다닐 이유가 없는 것이다.

POS 시스템을 사용하는 매장의 경우, 일반적으로 서울과 경기지역은 카드매출이 92~98%, 현금매출이 대략 2~8% 정도 된다. 그리고 지방으로 갈수록, 또 같은 지방이라도 도심을 벗어나 부도심으로 갈수록 현금매출이 더 상승한다. 그러니 서울에서 사내 커피숍과 같은 특수한 자리를 제외하곤 현금매출이 40% 가까이나 되는 커피숍은 어디에도 없다.

권리금을 더 많이 받기 위해, 혹은 점포를 빨리 매도하기 위해 현금매출을 가짜로 넣어 전체 매출을 조작하는 것은 더러 있는 일이다. 컨설팅회사에서 POS 매출 자료를 요구하는 데다 현금은 조작도 쉽기 때문이다. 그런데 더 놀라운 일은 카드매출을 조작하는 일도 가능하다는 사실이다. 그래서 진짜 고수들은 POS 매출에 카드와 현금의 비율을 상식적인 수준으로 유지한 채 카드매출을 조작한다.

POS 시스템을 사용하는 매장에서는 보통 인터넷 연결이 끊어져 POS 시스템이 먹통이 될 때를 대비해 예비용 카드결제기를 놓고 승인하곤 한다. 카드매출을 조작하는 사람들은 이런 시스템을 악용한다. 즉 수기 카드등록 메뉴를 이용해서 실제 카드로 승인이 난 것처럼 매출을 조작하여 넣는 것이다.

이렇듯 자신의 이익만을 위해 잔머리를 굴리는 사람이 많으니 여기에 대한 대책도 세워두어야 한다. 나는 창업컨설팅을 하며 카드 매출의 조작까지 의심이 갈 경우엔 해당 VAN Value Added Network사로 매출실적을 요구한다. 물론 뛰는 놈 위에 나는 놈이 있다고 이런 수까지 예상하고 문서를 위조하는 등 더 나쁜 사람들도 있다.

"POS 데이터는 참고용! 직접 발로 뛰며 현장을 확인하라!"

 권리금을 더 받으려고 본인의 양심을 버리는 것은 물론이고 문서 위조 등의 범죄까지 저지르는 사람도 있으니 예비창업자는 POS 데이터를 참고용으로 활용하되, 무조건 신뢰해서는 안 된다. 차라리 정말 마음에 드는 점포가 있다면 직접 발로 뛰며 현장을 확인하길 권한다. 해당 점포가 한눈에 들어오는 장소에서 잠복하며 최소 일주일 정도는 그곳을 드나드는 고객을 살피면서 실제 매출을 예상해야 한다.

 이후 B는 나에게 정식으로 창업컨설팅을 의뢰했다. 나는 B가 전제한 '혼자 편안하게 운영할 수 있는 곳'을 주요 기준으로 하여 매출의 기복이 적은 안정적인 매장 위주로 후보를 물색했다. 그리고 그중 마음에 드는 몇 곳을 정해 직접 B를 데리고 살피러 갔다. 우리는 2주 정도를 함께 다니며 정확한 매출의 확인은 물론이고 운영시스템의 파악 등을 통해 B가 혼자서 안정적으로 운영하기 좋은 커피숍을 최종적으로 결정했다.

 신용카드결제시스템, POS, 키오스크 등은 대한민국 자영업을 받쳐주는 큰 힘이다. 빅데이터가 중요한 자원으로 떠오르고 있는 요즘 소상공인들의 작은 경제를 뒷받침해주는 결제시스템의 데이터는 상당히 중요하다. 특히 새로운 점포를 창업하고 업종을 전환하고 기존의 매장을 인수하는 등 모든 창업 활동에서 결제시스템의 데이터 의미를 정확하게 파악하는 것은 창업의 성패를 좌우할 아주 중요한 일이다.

- ☐ 가지런하고 반듯한 매출은 일단 의심하라!
- ☐ 상권이나 업종에 따른 카드와 현금매출의 기준을 파괴하는 곳도 의심하라. 필요하다면 VAN사에 자료를 요청하라.
- ☐ POS 데이터는 참고용으로 활용하고 직접 발로 뛰며 현장을 확인하라.

플랫폼 가격비교로 합리적 기준점을 찾아라

#견적비교플랫폼 #합리적가격의기준

"이봐, 해봤어?"

정주영 회장이 직원들에게 가장 많이 했던 말이라고 한다. 안 된다, 할 수 없다고 말하기 이전에 일단 도전하고 시도하는, 해보고도 안 되면 포기가 아닌 어떻게든 해낼 방법을 찾는 그의 도전정신과 추진력을 나는 무척이나 존경한다. 그는 "길이 없으면 길을 찾아야 하며, 찾아도 없으면 길을 닦아 나아가야 한다."라고도 했다. 창업가에게 이런 불굴의 도전정신과 추진력은 매우 중요한 자질이며, 창업의 모든 과정에서 잊지 않고 발휘해야 할 역량이다.

본격적인 창업의 단계에 들어서면 통장에서 돈이 빠져나갈 일들이 줄이어 기다리고 있다. 점포 보증금이나 권리금 외에도 간판, 인테리어, 부자재, 시설, 용품 등 온통 돈이 나갈 일들이라, 창업자들은 최대한 돈을 절약할 방법을 찾기 마련이다. 그렇다고 무조건 싼 곳에 의뢰했다간 싼 게 비지떡이 되는 결과를 맞이하게 될 수 있으니, 퀄리티가 보장된다는 전제하에 좀 더 저렴한 가격을 제안하는 곳을 찾으려 애쓴다.

불과 몇 년 전만 해도 지인의 소개와 입소문에 의존하거나 일일이 발품을 팔며 가격을 문의하고 퀄리티를 확인해야 했다. 그런데 이 또한 분명한 한계가 있었다. 돈을 조금 아껴보겠다고 귀한 시간과 에너지를 낭비할 수는 없기에 대충 몇 군데만 둘러보곤 그 안에서 결정할 수밖에 없었다. 이러한 맹점이 있다 보니 사실 부르는 게 값일 정도로 비합리적인 가격이 형성되었던 것도 사실이다.

창업비용을 절약할 때도 "이봐, 해봤어?"라는 말을 기억해야 한다. 내가 원하는 것을 더 싸게 얻을 수 있도록 시도해봐야 하고, 길이 없으면 길을 찾아야 하며, 찾아도 없으면 길을 닦아 나아가야 한다.

"플랫폼에 합리적 가격의 기준이 있다"

다행히 요즘은 그런 과정들이 '플랫폼'에 있다. 특히 견적 비교 플랫폼은 일일이 발품을 팔고 여러 곳을 가지 않아도 알아서 가격을 비교해주고 최저가를 형성해준다. '가격'이 핵심이기 때문이다. 고객이 플랫폼에 입점한 여러 업체에서 견적을 받고 비교하니 업체도 터무니없이 높은 가격을 제안할 수 없다. 또 거래성사를 위해 업체끼리 단가 경쟁도 하니 평균 가격 또한 합리적인 선에서 형성될 수밖에 없다. 이런 편리함이 창업가에겐 또 하나의 기회가 될 수 있기에 적극적으로 활용해야 한다.

예를 들어 간판의 경우, 보통 플랫폼에는 간판의 사이즈와 디자인에 따라 기준이 되는 가격대가 형성돼 있다. 즉 기본형인지 고급형인지 최고급형인지에 따라 각각의 가격이 제안되고, 돌출 간판인지 몰입성 간판인지 디자인 간판인지에 따라서도 상세하게 견적을 받을 수 있다. 내가 구상하는 간판의 크기와 디자인에 따른 세부 견적을 여러 업체에서 받아 비교할 수 있기에 바가지를 쓸 염려도 없을뿐더러 좀 더 저렴한 곳을 선택할 수도 있다.

또 식당이나 술집, 베이커리, 카페와 같은 요식업 창업의 경우엔 '황학동온라인'과 같은 업소용 주방기기의 가격비교를 할 수 있는 플랫폼을 활용하는 것도 큰 도움이 된다. 업종과 판매할 메뉴를 입력하면 맞춤 주방기기를 제안해주고, 견적을 의뢰하면 입점 업체들이 견적을 제안한다. 비용도 전혀 들지 않고 시간도 많이 소요되지 않아서 이런 편리한 기능은 적극적으로 활용하면 득이 된다.

물론 가격이 절대 기준일 수는 없으니 온라인 플랫폼은 물론이고 오프라인 매장에서도 내가 필요로 하는 다른 조건들까지 꼼꼼히 살핀 후에 최종적으로 결정해야 한다. 특히 간판이나 인테리어처럼 업체의 시공이 필요한 부분은 가격이 마음에 들어도 거리가 멀면 의뢰하기가 쉽지 않다. 대신 합리적인 가격의 기준점을 잡을 수 있기에, 오프라인 업체에 의뢰할 때도 가격의 절충이 유리하다. 말 그대로, 고객이 가격을 알고 덤비니 업체도 크게 무리한 요구가 아니면 수용해주는 것이다. 또 플랫폼에서 제안받은 가격보다 조금 더 비싸더라도 A/S를 잘해줄 수 있는 곳이라면 그만큼 득이 되는 부분도 있으니 이런 점들을 꼼꼼히 따져서 가장 최적의 업체를 선정하면 된다.

참고로, 견적 비교 플랫폼에서 고객의 선택을 많이 받는 인기 업체는 그만큼 업무 일정도 빽빽하게 들어차 있을 수 있으니 미리미리 알아보아야 한다.

- 소개나 발품 대신 견적비교 플랫폼을 활용해 합리적인 가격의 기준을 잡아라.
- 가격 외에 내가 필요로 하는 다른 조건들까지 꼼꼼히 살핀 후에 결정하라.

섬세한 창업전략
성공의 포인트를 공략하라

블루오션, 고객의 니즈를 쪼개고 쪼개라!

#영원한블루오션은없다 #레드오션속블루오션

　흔히들 피 터지게 경쟁하는 레드오션에서 기웃대지 말고 차라리 인기는 없어도 경쟁이 약한 블루오션에서 자리를 찾으라고 조언한다. 그런데 블루오션이라고 영원히 푸르기만 할까? 영원한 블루오션이 있다면 나는 이미 그 안에 들어가 있을 것이다. 그리고 절대 아무에게도 말해주지 않을 것이다.

　블루오션을 찾는 이들이 하나둘 모여들면서 결국엔 그곳도 붉게 물들고 만다. 더군다나 요즘처럼 나올만한 아이템은 다 나왔다고 하는 과도한 경쟁환경에서 조금만 인기가 있어도 너나없이 따라 하고, 대기업까지 진출해 프랜차이즈 사업으로 확장하니 청명한 블루가 핏빛의 레드로 변하는 것도 일순간이다.

　블루오션의 의미가 사라진 만큼 내가 진입하려는 시장이 얼마나 경쟁이 치열한지는 그다지 중요하지 않다. 대신 어느 시장이든 나만의 자리는 분명하게 만들어야 한다. 이미 치열한 경쟁이 벌어지는 레드오션으로 진입하더라도 나만의 강점과 차별점으로 내 자리를 만들면 되고, 경쟁이 약한 블루오션에 진입하더라도 늘 새로운 경쟁자들의 도전을 경계하며 발전과 변화를 꾀해야 한다.

지난 2015년에 마켓컬리는 이마트, 코스트코, 홈플러스, 롯데마트 등 대기업이 점령한 식품유통에 과감히 도전장을 내밀면서 '프리미엄 식품'과 '샛별배송(새벽배송)'이라는 그들만의 무기를 준비했다. 지금은 SSG닷컴, 쿠팡 등 새벽배송을 하는 곳이 늘었지만 당시만 해도 유통업계에선 최초의 서비스였다. 밤늦게 주문해도 다음 날 오전 7시 이전에는 문 앞에 배송돼 있으니 하루가 분주한 맞벌이 부부에겐 더없이 좋은 서비스였다. 게다가 다양한 밀키트 제품은 물론이고 마켓컬리 단독으로 진행하는 프리미엄 식품들도 많아서 건강한 음식을 추구하는 소비자의 니즈도 충족해줄 수 있었다.

소비자의 입장에 서서 니즈를 쪼개고 쪼개서 찾으면 꼭 필요한 서비스와 제품들이 보인다. 마켓컬리 창업자인 김슬아 대표도 "맛있고 건강한 음식을 어떻게 하면 편하게 먹을 수 있을까?", "누군가 장을 봐서 아침 일찍 우리 집 앞에 놔주면 안 될까?"를 고민한 끝에 레드오션 속 블루오션을 찾아냈고, 직접 창업까지 하게 됐다. 이를 소상공인에게 적용해보아도 레드오션 속에서 나만의 블루오션을 만들어 낼 아이디어는 무궁무진하다.

"고객을 세분화하고, 숨은 니즈를 공략하라"

7년 전에 모녀가 함께하는 반찬가게의 창업을 컨설팅한 적이 있었다. 지금도 그렇지만 당시에도 반찬가게는 진입장벽이 낮아서인지 이미 레드오션인 시장이었다. 그런데 상담 단계에서부터 나는 이

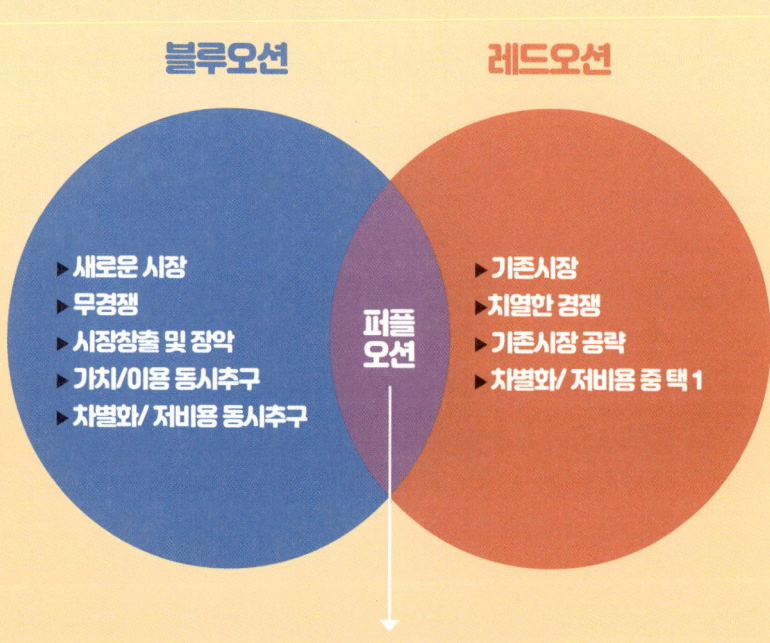

점포의 성공을 예견했다. 치열한 경쟁에서 살아남을 그들만의 특별한 무기가 이미 준비돼 있었기 때문이다.

회사원인 B는 자신의 퇴직금을 미리 앞당겨 받아서 어머니의 반찬가게 창업에 투자했다. 그만큼 어머니의 음식 솜씨가 좋았다. 물론 음식 솜씨만으로 창업에 뛰어들 정도로 무모하지는 않았다. B에겐 창업을 성공으로 이끌 세세한 전략이 이미 세워져 있었는데, 특히 주목할 것은 1년 치의 메뉴를 꼼꼼하게 짜서 데이터로 만들어두었다는 점이다. 복날이나 동지, 보름과 같이 특별한 음식이 연상되는 날에 준비할 특별식, 냉이나 굴과 같이 제철 재료를 활용한 음식들, 추석이나 설과 같이 특정 음식들이 필요한 날의 메뉴는 물론이고 어린이날, 어버이날, 비 오는 날, 더운 날, 추운 날과 같이 그날의 이슈에 맞는 메뉴도 모두 구상해두었다. 또 평일에는 국과 반찬 등의 메뉴를 요일별로 다양하게 짜두었다.

그뿐만 아니다. 유아를 위한 이유식 재료, 간편 조리가 가능한 밀키트, 어린이나 식이요법이 필요한 분들을 위한 간이 세지 않은 반찬, 조미료를 아예 넣지 않은 반찬 등 특정 고객층을 위한 코너를 따로 만들 계획도 가지고 있었다. 또 메뉴 구성의 아이디어뿐만 아니라 손님들을 위한 서비스와 마케팅에 대한 아이디어도 무척 구체적이었다. 고객에게 카톡으로 미리 일주일 치 메뉴를 보내 구매 계획을 세우도록 할 계획도 갖고 있었다.

나는 B의 계획이 현실화될 수 있도록 적극적으로 도왔고, 카톡 친구추가를 하는 고객, 일정 금액 이상 구매하는 고객에게 서비스로 줄 반찬도 구상해보라고 제안했다. 반찬가게이다 보니 솜씨를 알리고 상징이 될만한 선물 아이템 하나는 있는 게 좋을 듯해서다. 의논 끝에 모녀는 어머니의 정성과 손맛이 그대로 느껴지는 깍두기를 서비스 메뉴로 정했는데, 깍두기 때문에 친구추가하고 단골을 한다고 말할 정도로 인기가 높았다.

당시엔 이러한 B의 시도가 무척 파격적이었지만 요즘은 크게 특별하지 않을 정도로 반찬가게들이 저마다의 경쟁력을 갖추고 있다. 이런 추세에 맞춰 B는 2년 전 또 한 번 도약했다. 반찬가게를 창업하며 계획했던 밀키트 제조 사업의 목표를 실현한 것이다.

"배달음식의 맞춤형 진화"

마켓컬리 김슬아 대표나 B의 사례처럼 레드오션 속에 과감히 뛰어들어 자신만의 블루오션을 만들어 가는 사람들은 장사를 넘어 사업으로 확장할 기회까지 잡는 경우도 많다. 요즘 가장 치열하게 경쟁하는 시장을 꼽으라면 단연 배달음식이다. 배달 플랫폼의 활성화와 코로나 사태의 장기화로 이젠 오프라인 매장에서 음식을 먹는 게 귀찮아질 정도로 배달음식이 더 익숙해졌다. 이런 문화적 변화에 맞춰 배달음식도 가족 맞춤형으로 진화하고 있다.

"아이는 치킨이 먹고 싶다고 하고, 나는 떡볶이가 먹고 싶고…."
"남편은 피자가 먹고 싶다고 하고, 나는 치킨이 먹고 싶고…."

이런 고객의 니즈를 반영하여 떡볶이와 치킨을 세트로 파는 프랜차이즈가 생겨났고, 피자와 치킨을 함께 판매하는 프랜차이즈가 생겨났다. 게다가 이는 개인 매장에서도 충분히 적용할 수 있는 아이디어이다. 조금만 더 세세하게 고객의 니즈를 살피고, 그것을 충족해줄 아이디어를 찾으면 된다. 예컨대 어른들은 매운 음식을 곧잘 먹지만 아이들은 잘 먹지 못하니 쭈꾸미나 아구찜처럼 매운맛이 강한 음식이 주력 메뉴인 곳은 돈까스나 튀김, 주먹밥과 같은 아이들이 좋아할 만한 메뉴도 함께 만드는 것이다.

얼핏 보면 쭈꾸미와 돈까스는 전혀 어울리지 않아 보이지만 가족의 시선에서 바라보면 더없이 훌륭한 조합이다. 이렇듯 제아무리 레드오션이라고 해도 쪼개고 쪼개고 또 쪼개면 그 안엔 수많은 블루오션이 있다. 누가 먼저 그것을 발견하는지는 누가 얼마나 고객의 시선으로 세세히 살피느냐에 달렸다.

- ☐ 영원한 블루오션은 없다. 블루오션이든 레드오션이든 나만의 강점과 차별점으로 내 자리를 만들면 된다.
- ☐ 고객을 세분화하면 숨은 니즈가 보인다.

곰이 맥주를 마시게 하라

#고인물이아닌흐르는물 #콜라보로시너지를

　BTS가 맥도널드에 간다면 무슨 일이 벌어질까? 짐작건대 맥도널드는 BTS에 열광하는 팬들로 가득 차 업무가 마비되는 혼란 속에 빠지게 될 것이다. 2021년 여름, 맥도날드가 BTS와 콜라보레이션으로 선보인 BTS 세트는 전 세계 49개국에서 출시되면서 선풍적인 인기를 끌었다. 제품이 판매되던 한 달여 동안 국내에서만 140만 세트 이상이 팔렸고, 인도네시아에서는 BTS 세트를 사려고 몰려든 사람들 때문에 매장 10여 곳이 일시적으로 운영을 중단하는 사태가 벌어지기도 했다. 이런 BTS 세트의 폭발적인 인기 덕분에 맥도널드는 2021년 2분기 매출액이 전년 대비 57%나 늘었고, 순이익도 전년 대비 3배 이상에 달했다.

　맥도널드와 BTS라는 거물들의 만남이 아니더라도 콜라보레이션은 마케팅전략에서 윈-윈의 정석처럼 통한다. 매출향상이라는 눈에 기업 간의 콜라보레이션의 사례는 무수히 많다.

스타벅스x현대카드 콜라보레이션 사례

코카콜라x장 폴 고티에 콜라보레이션 사례

세븐브로이x곰표 콜라보레이션 사례

오비맥주x백양 콜라보레이션 사례

보이는 성과 외에도 타 브랜드와의 다양한 시도를 통해 우리 브랜드에 좀 더 새롭고 신선한 이미지를 입힐 수 있고, 나아가 기존에 없던 우리만의 새로운 시장을 구축할 수도 있다.

국내 밀가루 생산의 대표 브랜드인 대한제분의 '곰표'와 순수 국내 자본으로 수제맥주 시장을 개척한 '세븐브로이'가 탄생시킨 '곰표 맥주' 또한 성공한 콜라보레이션의 대표적인 사례이다. 1952년에 창업한 '곰표'는 오랜 나이만큼이나 '올드'한 느낌을 풍기는 데다, 2030의 청년층에게는 그 이름조차 낯선 브랜드였다. 그런데 '곰표'는 맥주를 비롯해 패션, 화장품, 식품 등 다양한 제품과의 콜라보레이션을 통해 4050 중장년 세대에게 새롭게 브랜드의 이미지를 구축했고, 심지어 2030 청년층까지 열광하게 하는 레트로 열풍을 일으키고 있다.

'세븐브로이' 역시 낯설기는 매한가지였다. 2003년에 작은 맥주전문점으로 시작한 세븐브로이맥주는 2011년에 중소기업 최초로 맥주제조 일반면허를 취득하고 본격적인 맥주 제조와 유통에 들어갔다. 이후 국내 최초로 에일 맥주를 생산·판매하고, 지역명 맥주를 출시하는 등 수제맥주의 대중화를 위해 노력해왔다. 그리고 마침내 2020년에 '곰표'와의 콜라보레이션을 통해 대중에게 브랜드를 확실히 각인시키는 데 성공했다.

콜라보레이션의 핵심은 단순한 윈-윈을 넘어 새로운 가치를 창출하는 데 있다. 맥도널드와 BTS, 곰표와 세븐브로이맥주처럼 전혀 다른 분야가 협업하여 시너지를 창출하고, 새로운 가치를 전하면서 틈새시장을 만들기도 한다. 게다가 이러한 전략은 소규모 자영업자들도 충분히 활용할 수 있다. 타 매장과 상품이나 서비스 등을 서로 결합하여 새로운 것을 만들어 낼 수도 있고, 단순하게는 샵인샵 방식으로 매장을 함께 사용함으로써 판매의 시너지를 낼 수도 있다.

어떤 형태이든 다른 업체와 협업하여 현재의 상태에서 새로운 변화를 꾀하는 시도들은 모두 광의의 콜라보레이션이라 할 수 있다.

"갑을이 아닌 윈-윈이다"

수도권 신도시의 대형마트 근처에서 소규모 닭꼬치 매장을 운영하는 A는 자체 개발한 소스 덕분에 닭꼬치가 큰 인기를 끌자 이에 힘입어 다른 지역의 대형마트 근처에도 점포를 몇 개 더 오픈했다. 동네 아주머니를 시간제 아르바이트 직원으로 두어 판매를 맡기고, 본인은 트럭에 닭꼬치와 소스를 싣고 각 매장을 돌면서 재료를 공급해주고 판매 관리를 했다.

첫 창업임에도 기대 이상의 성과를 거두고 매출도 안정적이었으나 A는 여기에 안주하지 않았다. 더 많은 사람이 자신의 닭꼬치 매장에 올 수 있도록 아예 마트 출입구와 연결된 매장으로 들어가기로 한 것이다.

대기업이 운영하는 대형마트는 소규모의 영세업자에겐 입점의 문턱이 너무 높기에 A는 개인사업자가 운영하는 대형마트와의 콜라보레이션을 통한 시너지 효과를 노렸다. 그는 마트의 대표를 찾아가 자신의 닭꼬치가 소비자에게 얼마나 인기가 높은지, 맛이 얼마나 탁월한지를 어필하며 콜라보레이션을 제안했다. 이때 을로서 부탁하는 것이 아닌, 동업자의 위치에서 당당히 "우리가 함께하면 당신의 매장도 함께 매출이 상승할 것이다."라며 콜라보레이션을 통한 시너지 효과를 세세히 설명해주었다. 그뿐만 아니다. 자신이 먼저 보증금과 월세의 금액을 제안하며 "그 이상이면 나는 함께하지 않겠다."라는, 다소 당돌한 태도까지 보였다. 그만큼 자신의 제품에 대해 자부심이 컸고, 콜라보레이션을 통해 서로가 윈-윈할 것이란 확신이 있었기 때문이다.

그의 예상대로 대형마트와의 콜라보레이션은 큰 성과를 거뒀고, 다른 지역에 있던 자신의 매장들도 모두 대형마트와 콜라보레이션을 제안해 성공했다. 이를 통해 매출이 향상된 것은 물론이고 월세와 각종 공과금의 절약까지 덤으로 얻은 이득도 컸다. 게다가 마트를 찾는 고객들에게 자신의 닭꼬치를 선보이고 입소문까지 나게 한 덕분에 신규고객이 더 많이 유입되어 함께 콜라보레이션을 한 마트에도 덩달아 이익을 안겨주었다. 협업을 통한 진정한 시너지가 창출된 것이다.

"고객의 니즈를 찾고, 필요하다면 외부와 매칭하라"

고객이 무엇을 원하는지, 어떤 것을 불편해하는지를 찾고 이를 해결해주는 것은 성공 창업의 기본이다. 그런데 아무리 노력해도 내가 고객의 니즈를 해결해줄 수 없는 상황도 있다. 보통은 이럴 때 내 능력 밖의 일이라며 모른 척한다. 그런데 이때도 외부 전문가와의 콜라보레이션을 통해 고객의 니즈를 해결해주려는 적극적인 태도가 필요하다. 예컨대 동물병원에서 애견미용실을 함께 운영한다거나 헤어샵에서 네일샵을 함께 운영하는 등 샵인샵 형태로 운영하면 고객은 한 곳에서 두 가지 니즈를 동시에 해결할 수 있다.

물론 샵인샵 형태가 아니어도 상관없다. 내 점포가 고객의 숨은 니즈를 찾아내고, 그것을 채워줄 외부 전문가와 연결해주는 플랫폼이 되어도 좋다. 수수료를 받는 것이 아닌 단순한 연결이기에 내게 직접 이익이 되는 것은 없다. 그러나 장기적으로 보면 내 점포만의 특별한 서비스이기에 경쟁업체와의 차별화에 성공할 수 있다. 그 서비스가 필요한 고객은 여러 경쟁업체 중에서 꼭 내 점포만 찾기 때문이다.

 서울 송파구에서 스터디카페를 운영하는 J는 창업 이전에 철저한 사전 조사를 통해 경쟁업체의 강점, 주 고객층과 그들의 니즈를 꼼꼼하게 파악했다. 빠른 속도로 시장을 장악하는 프랜차이즈 스터디카페를 이기려면 그들에게 없는 특별한 서비스로 차별점을 갖춰야 한다는 생각에서다.

 J는 주 고객층이 어떤 것을 배우길 희망하는지, 그것을 가르쳐줄 만한 고수들은 누구인지 등을 과외 애플리케이션과 지역의 온라인 커뮤니티를 통해 조사했다. 그리고 그들에게 일일이 연락하여 본인의 매장에서 적극적으로 홍보해주겠다고 제안하고 허락을 받았다. 창업과 동시에 J는 영어, 일본어, 중국어, 러시아어와 같은 외국어는 물론이고, 재테크나 자격증 등 여러 고수의 경력과 연락처를 정리해 카페에 게시해두었다. J의 스터디카페를 찾는 고객 중에 평소 이러한 니즈를 갖고 있던 이들은 자신에게 맞는 고수를 선택해 레슨을 받는 사례가 점점 늘어났다. 또 이런 특화된 서비스가 있다는 입소문에 일부러 J의 스터디카페를 찾는 고객도 있었다.

 소상공인의 콜라보레이션은 대기업에 비해 다소 제한적일 수 있다. 그러나 콜라보레이션의 진정한 의미는 '새로운 도전'과 그를 통한 가치 창출에 있기에 크고 거창한 것보다는 일단 다양한 도전을 해볼 필요가 있다. 내가 가진 것을 외부의 것과 잘 융합해서 더 나은 제품과 서비스를 만들어 내고, 고객에게 도움이 되는 서비스를 찾아 외부 전문가와 연결도 해주는 노력도 필요하다. 현재의 소소한 성공에 안주한 고인물이 아닌 늘 새롭고 신선함을 추구하는 흐르는 물이 되려는 노력은 결국 고객 만족과 맞닿아 있기 때문이다.

- ☐ 현재의 성공에 안주해 고인물이 되지 마라.
- ☐ 시너지를 창출할 만한 업종과 아이디어를 고민하라.
- ☐ 당당한 태도로 윈-윈을 제안하라.

짧고 빠르고 간단하게!

#틱톡의성공비법 #문화의큰흐름

"선생님, 좀 더 짧고 빠르고 간단하게 설명해주시면 안 될까요?"

오래전 일이다. 청년들을 대상으로 한 창업 특강에서 조금 자세하게 설명하려다가 20대 청년으로부터 일침을 맞은 적이 있다. 살짝 기분이 나빴지만, 그들의 심정도 충분히 이해가 됐기에 짧고 빠르고 간단하게, 그리고 재미있게 설명해줬다. 그제야 청년은 내게 양손의 엄지를 치켜들며 쌍따봉을 날려줬다. 이후로 나는 청년들을 대상으로 하는 강의에선 최대한 짧고 빠르고 간단하게 설명하려 노력한다.

무엇이 옳은지, 혹은 무엇이 더 나은지의 문제는 아닌 듯했다. 어쨌건 그들은 내 강의를 들으러 온 학생이자 고객이기에 나는 그들의 니즈를 파악하고 콘텐츠와 서비스에 반영할 책임이 있다. 그러니 '짧고 빠르고 간단하게'를 원하는 청년들에겐 그들의 니즈에 맞는 서비스를 하면 된다.

 언제부턴가 우리 사회는 길고 복잡하고 장황한 것을 꺼리는 분위기가 되었다. 두꺼운 책에 쓰인 긴 글, 시리즈로 된 장편의 드라마보다는 블로그나 유튜브 등에 잘 정리된 요약본에 쉽게 눈이 가고 편하게 느껴진다. 특히 1990년대 중반에서 2000년대 초반 사이에 태어난 'Z세대'는 강의 도중 내게 일침을 가했던 그 청년처럼, 길고 복잡한 것보단 짧고 빠르고 간단한 것들을 선호하는 경향이 강하다. 어릴 때부터 디지털 환경에서 자란 이유도 있을 것이고, 짧고 빠르고 간단하게 만들어지는 즉석식품에 익숙한 이유도 있을 것이다. 원인이 무엇이든, 그리고 이러한 변화가 바람직하든 바람직하지 않든 창업가는 그 안에서 소비자의 니즈를 살피는 영민한 지혜가 필요하다.

 Z세대가 '틱톡TikTok'에 열광하는 것도 짧고 빠르고 간단한 것을 추구하는 그들의 니즈에 잘 부합하기 때문이다. 틱톡은 2016년 중국 바이트댄스가 선보인 숏폼Short-form 플랫폼으로, 사용자들은 보통 15초에서 1분 길이의 짧은 영상을 제작하고 함께 공유한다. 그런데 서비스가 나온 지 5년만인 2021년에 틱톡은 매달 접속하는 이용자가 10억 명을 넘어섰다. 이는 페이스북이 9년, 인스타그램이 8년, 유튜브가 7년에 걸쳐 같은 성과를 냈던 것과 비교할 때 무척 빠른 성장 속도이다.

 틱톡이 이토록 급성장할 수 있었던 비결은 앞서 말했듯이 '짧고 빠르고 간단하다'라는 특징 때문이다. 창작자는 "대충 봐도 알 것 같으니 빤한 설명은 빼자"라는 소비자의 니즈를 잘 반영하고, 대신 다양한 콘텐츠로 더 많은 즐거움을 주려고 노력한다. 덕분에 틱톡에서 가장 인기 있는 인플루언서의 한 해 수익이 스타벅스 CEO의 연봉을 훌쩍 뛰어넘을 정도라고 한다.

앞으로의 시장은 더 짧고 빠르게, 또 간단하게 소비자에게 다가가야 성공할 수 있다.

"문화를 살피면 니즈가 보인다"

우리 회사가 포스시스템을 관리하는 가맹점 대표님 중에 연세가 내 아버지와 동갑인 분이 있다. 일흔을 바라보는 연세임에도 P는 디지털 기기나 시스템에 대해 두려움이나 거부감은커녕 늘 배우려 하고 재미있어한다. 스마트폰과 노트북, 태블릿PC까지 두루 활용하면서 각종 애플리케이션과 프로그램을 청년들 못지않게 능숙하게 다룬다. 심지어 그냥 능숙한 정도가 아니라 인스타그램이나 블로그, 페이스북, 유튜브 등을 그 특징과 용도에 꼭 맞게 똑똑하게 활용한다. 예컨대 일상의 멋진 사진과 짧은 글귀는 인스타그램에, 사회적인 통찰과 소신이 담긴 칼럼은 페이스북에, 특정 분야에 관한 정보 전달의 설명글은 블로그에 올린다.

그뿐만 아니다. P는 틱톡도 즐겨본다. 틱톡이 Z세대의 전유물은 아니니 나이와 상관없이 사용할 수 있지만 일흔을 바라보는 나이에 틱톡이라니! 그것도 단순히 재미로 시청하는 정도가 아니라 그 안에서 트렌드를 읽는 묵직한 통찰까지 있었다.

"틱톡은 짧고 빠르고 간단하며, 메시지가 분명하다는 특징이 있어요. 이런 틱톡을 즐기는 젊은 세대들은 기성세대와는 달리 더 빠르고 더 순간적으로, 짧게 결정하는 부분들이 많을 겁니다."

P는 본인의 통찰을 사업에도 그대로 적용했다. 당시 P는 무인으로 운영되는 아이스크림 편의점을 하고 있었는데, 편의점 형태의 무인 시스템 창업을 더 확장할 계획을 하고 있었다. P는 추진력도 남달라서 얼마 지나지 않아 자신의 계획을 현실화했다.

그는 20~30대가 많이 거주하는 오피스텔 밀집 지역에 늦은 시간 귀가하며 짧고 빠르고 간단하게 소비하려는 사람들을 주요 고객층으로 잡았다. 그리고 다양한 제품을 넣기보다는 CCTV 분석을 통해 고객이 즐겨 찾는 제품들 위주로 매장을 채웠다. 예를 들면 간편 조리 음식, 애견용품과 간식, 추억의 옛날 식품과 같이 '업무에 지친 청춘들이 늦은 저녁에 나만의 공간으로 돌아가며 짧고 빠르고 간단하게 즐길 수 있는 것'으로 매장을 채웠다. 이것저것 다양하게 채워 넣은 여느 24시 편의점보다 구색은 적지만 꼭 필요한 그것만을 알차게 구성한 덕분에 P의 24시 무인 편의점은 짧고 빠르고 간단한 소비를 선호하는 소비자들에게 큰 인기를 끌고 있다.

P의 사례에서도 알 수 있듯이 예비 창업가가 아이템이나 운영방식을 결정할 때 단순히 현재 유행하는 제품이나 서비스에만 국한해서 고민해서는 안 된다. 문화의 큰 흐름을 살피고, 그것을 나의 창업에 적용하는 통찰과 지혜도 필요하다. 특히 '짧고 빠르고 간단한 것'을 추구하는 것이 지금은 20대를 전후한 젊은 세대의 트렌드이지만 그들이 머지않아 30대, 40대가 되는 때에는 사회 전반에 걸친 문화로 확산될 가능성도 크다. 이러한 니즈에 대한 통찰과, 그것을 적극적으로 반영하는 센스가 성공 창업에선 무척 중요하다.

- 문화의 큰 흐름을 살피고 사업에 적용하라.
- Z세대는 짧고 빠르고 간단한 것을 좋아한다.
- 주 고객층과 상권의 특성에 맞는 창업을 고민하라.

고객의 시선으로 바라보면 서비스가 보인다

#사업은취미가아니다 #주인은갑손님은슈퍼갑 #고객이원하는서비스

"이보다 어떻게 더 잘해?"

매출이 점점 떨어진다며 돌파구를 찾기 위해 컨설팅을 의뢰하는 업체들을 방문해보면 공통되게 하는 말이 있다. 제품이든 서비스이든 최선을 다하고 있다는 것이다. 그런데 과연 그들은 "이보다 어떻게 더 잘하느냐?"고 토로할 만큼 고객에게 최선을 다하고 있는 것일까?

제품을 생산하고 판매하고 고객을 응대하는 일은 몸도 마음도 힘든 일이다. 그런데 내가 느끼는 힘듦과 고객이 느끼는 만족감이 반드시 비례하지는 않는다. 특히 서비스의 경우, 고객의 시각에서 니즈를 찾지 않으면 바라던 성과를 얻기가 힘들다.

2001년 PC 통신 커뮤니티로 시작한 '무신사MUSINSA'는 창업 20년 만에 연간 거래액 1조 2,000억 원, 매출액 3,319억 원을 달성하고

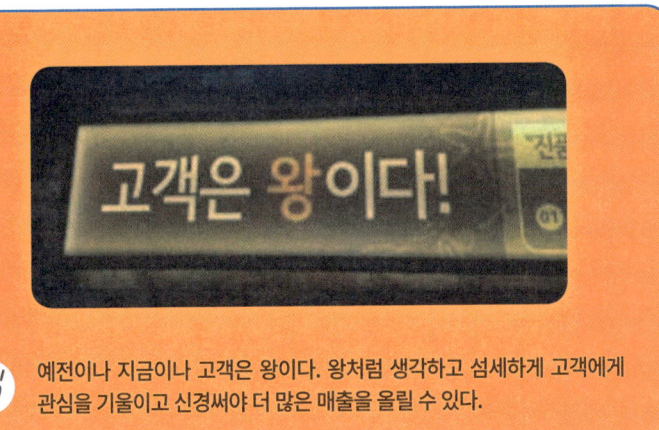

예전이나 지금이나 고객은 왕이다. 왕처럼 생각하고 섬세하게 고객에게 관심을 기울이고 신경써야 더 많은 매출을 올릴 수 있다.

6,200여 개의 브랜드를 입점시켜, 국내 최대의 온라인 패션 플랫폼 기업으로 성장했다. 무신사의 놀라운 성장의 비결 역시 고객에 집중한 서비스에서 찾을 수 있다.

무신사는 여느 온라인 패션 플랫폼과 달리 고객 후기가 꽤 디테일하다. 구매자가 본인의 키와 체중, 그리고 구매한 옷의 사이즈를 입력한 후 "품은 잘 맞는데 팔 길이가 조금 짧다. 원단은 부드럽고 신축성이 좋다.", "키에 비해 다리가 긴 체형인데 이 바지는 길이가 길게 나와서 아주 잘 맞다."와 같이 나른 고객들의 구매에 도움이 되도록 제품의 사이즈나 질감 등에 대해 상세하게 후기를 적는다.

온라인으로 옷이나 신발을 구매할 때 가장 염려되는 것이 사이즈이다. 평소 착용하는 사이즈로 주문해도 제품마다 조금씩 차이가 있기에 실제로 받아보면 예상보다 크거나 작을 수 있다. 고객의 이러한 불편함을 해결해주기 위해 무신사는 판매자들에게 제품의 사이즈를 상세하게 올리도록 장려하고 있다. 그리고 실제 구매한 고객들에게도 사이즈 설명이나 착용 사진 등 상세하게 후기를 올려주면 포인트나 할인 혜택과 같은 많은 서비스를 제공하고 있다.

이 외에도 무신사는 100여 명의 리포터가 직접 거리로 나가 일반인들의 멋진 패션을 사진으로 찍어 올리는 '스트릿 스냅', 패션 화보와 브랜드 소식 등 다양한 패션 콘텐츠가 담긴 '무신사 매거진', 그 외 재미있는 이벤트 등으로 고객의 마음을 사로잡으며 단골을 넘어 팬덤까지 형성해가고 있다.

어떻게 하면 고객이 최대한 편하게 쇼핑할 수 있을지, 고객이 우리 제품과 서비스를 구매하며 가장 궁금하게 생각하는 것은 무엇인지 등 고객의 시선으로 바라보며 더 많은 니즈를 찾아내고 해결하려는 노력이 지금의 무신사를 만들었다고 해도 과언이 아닐 것이다.

"여전히 고객은 왕이다"

고객과의 관계를 갑을관계로 규정할 수는 없다. 그러나 창업자는 과연 '고객은 왕이다'라는 서비스 정신은 기본으로 갖춰야 한다. 고객은 왕이니 무조건 굽히고 굽실거리라는 의미가 아니다. 이 정도면 충분하다며 스스로 판단하지 말고, 늘 고객의 입장에 서서 더 만족할만한 제품과 서비스를 개발하고 실행해야 한다. 이런 노력은 결국 내 사업을 성장시키고 성공에 이르게 하는 가장 귀한 자원이 된다.

오랜 친구 S는 필라테스를 가르치는 작은 개인 샵으로 시작하여 7년 만에 강남에서 손에 꼽히는 필라테스 사업가가 되었다. 샵의 규모만 커진 게 아니라 사업의 범위를 더욱 확장하여 고객과 강사를 매칭해주는 일까지 하고 있다. 고객의 필라테스 숙련도는 물론이고 성격까지 고려해 가장 어울리는 강사와 연결해주는 것이다.

많은 고객과 강사를 관리하다 보니 신경 써야 할 부분들이 많았다.

특히 S는 고객의 니즈를 파악하는 것을 무척 중요하게 생각해서 통화나 카톡으로 고객과 수시로 소통하며 더 나은 서비스를 제공하려 노력했다. 가까이서 그 모습을 지켜보면 정말 대단하다는 생각이 들 정도였다. 담당 강사가 마음에 드는지, 오늘 수업은 만족스러웠는지, 추가했으면 하는 서비스는 없는지 등 일과 관련한 얘기부터 일상의 소소한 수다까지 얘기가 끊이질 않는다.

"굳이 그렇게까지 할 필요가 있어?"

"고객의 마음을 세세하게 알아야 고객에게 더 나은 서비스를 제공하지."

S는 고객의 마음을 짐작하는 건 한계가 있다며 직접 소통하며 고객의 니즈를 파악해야 고객이 원하는 서비스를 해줄 수 있다고 했다. 앞에 앉아 함께 차를 마시고 있는 친구로선 시도 때도 없이 고객에 집중하는 S의 태도가 서운했지만, 창업 코치로선 아주 이상적인 사업가라는 생각에 한껏 칭찬해주었다.

규모나 업종과 무관하게 대다수의 사업가는 자신의 사업에 대한 분명한 경영철학과 기준을 가지고 있다. 예컨대 예약제로 운영되는 사업의 경우엔 노쇼 고객을 단호하게 거부하기도 하고 패널티를 적용하며 몇 차례의 기회를 더 주기도 한다. 음식점의 경우엔 반찬을 무한리필로 서비스하는 곳도 있고, 추가 요금을 내도록 하는 곳도 있다. 아무리 많은 물건을 사도 배달은 절대 안 된다는 곳도 있고, 일정 금액 이상을 구매하면 배달이 무료 서비스인 곳도 있다.

"내 가게에서 내 기준대로 하겠다는데 뭐가 문제인가?"라고 할 수도 있다. 맞는 말이다. 사업은 내 돈을 들여서 내 아이디어와 노력으로 하는 일인 만큼 누구도 간섭할 수 없고, 무엇이 옳다, 그르다를 선뜻 판단할 수도 없다. 그럼에도 고객의 입장으로 바라보면 분명한 답은 있다. 제품이든 서비스이든 '나'가 아닌 '고객'의 입장에서 만들어진 것이라야 사업에 긍정적으로 쓰일 수 있다. 사업을 혼자만의 취미로 즐길 것이 아니라면 고객이 슈퍼갑임을 잊지 말아야 한다.

Key Point!

- 이 정도면 충분하다는 생각은 금물이다.
- 사업자가 갑이면 고객은 슈퍼갑이다.
- '나'가 아닌 '고객'이 원하는 것을 서비스하라.

매뉴얼, 기왕이면 직접 만들어보자

#적은비용으로큰효과 #매뉴얼의힘

　창업과 관련한 강의를 할 때 내가 가장 강조하는 것이 '매뉴얼'이다. 매뉴얼을 만들고 그대로 따르는 것이 시행착오를 줄이고 시간을 절약하며 돈을 아끼는 최고의 방법이기 때문이다. 맥도널드와 스타벅스는 매뉴얼이 꼼꼼하기로 유명한 기업이다. 오늘 처음 출근한 아르바이트 직원도 1년 이상 일한 직원 못지않게 능숙하게 일한다. 그뿐만 아니다. 점장, 매니저, 직원 등 여러 명의 인원이 각기 다른 시간에 출근해 매장 관리, 재료 손질, 음식 제조, 고객 응대 등 각자의 자리에서 움직이지만, 이들이 하는 일은 매일매일 한 치의 오차도 없이 똑같다. 많은 실험을 거쳐서 만들어 낸, 꼼꼼하고 섬세한 최적의 매뉴얼이 있고, 모든 직원이 매뉴얼에 따라 움직이기 때문이다.

　본사에서 매뉴얼을 제공하는 프랜차이즈 기업과 달리 개인 매장은 매뉴얼이 없는 곳도 많다. 매뉴얼이 있더라도 대강의 큰 틀만 있어서 손님이 한 번에 몰리는 시간에는 우왕좌왕하기 마련이다. 게다가 신입 직원이 들어오면 손이 더디고 실수가 잦아서 손님에게 불편을 주는 일도 허다하다.

  프랜차이즈 매장이든 개인 매장이든 업종과 무관하게 업무 매뉴얼은 필수이다. 그리고 매뉴얼은 섬세하고 꼼꼼할수록 그 효과도 크다. 예를 들어 우유가 들어가는 음료를 만든다면 음료의 제조 과정에서 언제 냉장고에서 우유를 꺼내서 언제 넣어야 하는지까지 세심하게 매뉴얼로 정해두어야 한다. 그래야 우유의 신선도를 최상으로 유지할 수 있고, 재료의 손실도 줄일 수 있다. 또 청소할 때도 막연히 '깨끗이 하라'고 지시하는 것보단 유리창 청소는 어떻게, 바닥의 청소는 어떻게, 기기의 청소는 어떻게 할지 등을 세세하게 매뉴얼로 정해두는 것이 직원도 편하고 업무도 효율적이며 결과까지 만족스럽다.

"함께 만든 매뉴얼의 힘!

  여러 개의 직영점을 운영하는 헤어샵 대표 N은 직원이 자주 바뀌는 것에 엄청난 스트레스를 느끼고 있었다. 어느 매장이든 직원의 이탈은 있을 수 있지만, N의 경우엔 매장을 여러 개 운영하는 데다 본인이 직접 직원관리를 하지 않다 보니 직원이 관두고 새로운 직원을 들이는 일이 잦았다. 게다가 새로운 직원을 뽑고 일을 가르치기까지의 시간과 수고도 만만치 않아서 한 달에 절반가량을 이런 문제로 골머리를 앓았다.

  "업무 매뉴얼을 직접 만들어보시는 건 어떨까요?"

  나는 N에게 매뉴얼의 중요성을 강조했고, 기왕이면 직원들과 함스타벅스의 매뉴얼처럼, 나의 매장도 상황에 맞는 매뉴얼을 준비해야한다. 만드는 과정은 어렵겠지만 한번 만들어 놓은 매뉴얼은 여러 가지의 긍정적 요소를 가져다준다.

스타벅스의 5가지 행동원칙

❶ 환영합니다. **Be welcoming.**

❷ 진심으로 대합니다. **Be genuine.**

❸ 배려합니다. **Be considerate.**

❹ 지식을 갖춥니다. **Be knowledgeable.**

❺ 함께합니다. **Be involved.**

께 매뉴얼을 직접 만들어보라고 제안했다. 외주업체에 매뉴얼 제작을 의뢰하면 비용도 많이 들뿐더러 현장을 잘 모르니 꼼꼼하게 만들기가 어렵기 때문이다.

"우리가 직접 매뉴얼을 만들어보라고요? 어떻게요?"

"각 파트별 직원들에게 본인의 업무에 대해 아주 상세하게 써오라고 하세요. 물론 포상금도 걸고요."

나는 직원들에게 하루 정도 휴가를 준 후, 전화를 받는 직원, 데스크 결제 직원, 총괄 매니저, 디자이너, 스텝 등 각 직원이 자신의 파트에서 하는 일을 시간의 순서대로 자세히 적고, 자신만의 노하우나 팁 등도 적도록 해보라고 했다. 충실한 내용을 얻으려면 포상금도 필수라고 조언했다.

나의 설명을 귀 기울여 듣던 N은 그대로 해보겠다고 했고, 즉시 실행에 들어갔다. 모든 직영점의 직원들에게 자료를 받으니 한 파트 당 대략 15~20개의 자료가 취합되었다. 자료를 일일이 살핀 후에 중복되는 내용을 취합하며 매뉴얼을 만들고, 특정 직원의 노하우나 팁 중에 살릴 만한 부분도 매뉴얼에 포함했다. 이런 과정을 모든 파트에 적용해 매뉴얼을 만들고 최종 정리해서 인쇄와 제본을 맡겼다.

외주업체에 의뢰하면 2,000만 원 가량 비용이 드는 것을 직원들의 포상금, 인쇄비와 제본비 정도의 수준에서 해결했다. 게다가 내용 또한 현장의 모습이 그대로 반영되어 구체적이고 체계적으로 정리됐다.

매뉴얼의 힘은 예상대로 막강했다. 현재 근무 중인 직원들도 업무를 좀 더 체계적으로 할 수 있게 되었고, 떠나는 직원과 신입 직원 간의 업무 인수인계도 매뉴얼을 교재로 진행하니 훨씬 수월하고 효과적이었다. 심지어 사고나 병으로 갑자기 이탈하는 직원이 생겨도 신규 직원을 매뉴얼로 교육하니 불편할 것이 없었다.

그뿐만 아니다. 업무를 점검하고 평가할 때도 직원들의 불만이 훨씬 줄어들었다. 평소 잔소리처럼 들렸던 말이 매뉴얼로 조목조목 짚으며 말하니 체계화된 교육처럼 느껴지기 때문이다. 게다가 모두가 함께 만든 매뉴얼이다 보니 이를 지키려는 의지도 더 강해져 실수도 줄고, 덩달아 업무 스트레스도 줄어들었다. 매뉴얼이 낳은 선순환의 효과 덕분에 직원의 이탈도 크게 줄었고, N의 스트레스도 날아갈 듯이 가벼워졌다.

 **Key Point!**

- 매뉴얼, 시행착오를 줄이고 시간을 절약하며 돈을 아끼는 최고의 방법이다.
- 우리 점포의 업무를 가장 잘 아는 사람은 직원들이다.
- 함께 만든 매뉴얼은 함께 지키는 힘이 있다.

데이터가 보내는 신호를 읽어라
#빅데이터시대 #데이터리터러시 #POS데이터의중요성

　빅데이터 시대에 데이터는 곧 돈이다. 그리고 꿈과 성공을 이룰 최고의 자원이다. 기업은 사람들이 온·오프라인에서 남겨놓은 수많은 데이터를 취합해 소비자의 니즈를 파악하고, 신상품과 새로운 서비스를 연구하는 등 더 큰 성장을 도모한다. 글로벌 패션 브랜드인 자라ZARA는 빅데이터를 기반으로 소비자의 니즈를 파악해 신속히 신상품에 반영하고, 다품종 소량 생산의 전략으로 성장과 성공을 완성하고 있다. 덕분에 여느 패션 브랜드와 비교할 때 옷의 종류가 2배 이상이나 되지만 신제품의 실패율은 타 브랜드의 20분의 1도 안 되는 1% 미만 수준을 유지하고 있다. 또 아마존은 빅데이터를 기반으로 소비자들의 소비 패턴을 분석해 특정 고객이 특정 상품을 어느 시기에 구매할 것인지까지 예측하고 미리 상품의 배송을 준비해두는 시스템을 개발했다.

이렇듯 기업이 영민하고 기민하게 움직이도록 돕는 데이터는 대기업만의 전유물이 아니다. 소상공인도 얼마든지 데이터를 활용해 더 큰 성장과 성공을 도모할 수 있다. 공공데이터를 활용해 사람들의 관심사를 알아낸다면 신메뉴를 개발하거나 꼭 필요한 서비스를 만들어낼 수 있다. 또 예비창업자의 경우엔 창업 아이템을 선정하고 점포의 입지를 분석하는 것에 공공데이터를 활용할 수 있다. 상권과 관련한 공개된 데이터가 충분하지 않던 시절에는 입소문이나 공인중개사의 의견에 전적으로 의존하기도 했다. 좀 더 적극적인 사람은 관심이 가는 상권이나 점포 근처에서 유동인구가 얼마나 많은지, 연령층은 어떤지, 소비가 활발하게 일어나는 제품이나 서비스는 어떤 것인지 등을 직접 살피고 메모하기도 했다. 요즘은 웬만한 데이터가 공공데이터로 개방되어 있어서 필요한 데이터를 열람하고 활용하면 된다. 서울시의 경우 '우리마을가게 상권분석 서비스'에 지역별, 업종별로 점포 수, 개폐업수, 인구수, 소득, 임대시세 등 다양한 데이터들이 분기별로 공개하고 있다.

그뿐만 아니다. 내 점포에 차곡차곡 쌓이는 POS 데이터를 통해 더 큰 성장을 꿈꿀 수 있다. 바쁜 일과 속에서 매출만 겨우 확인하고 넘길 수 있지만, 사실 POS 데이터는 우리에게 많은 신호를 주고 있다. 그 신호를 민첩하고 정확하게 파악한다면 고객의 이탈을 막고, 제품이나 서비스 개선의 아이디어를 얻어 현재의 내 사업을 더 크게 성장시킬 수 있다.

POS 데이터에서 월별 총매출액은 우리 가게가 1년 중 어느 때에 장사가 가장 잘 되는지, 또 어느 때에 가장 안 되는지를 보여준다. 이를 통해 안 되는 시기는 그에 맞는 대비를 해야 하고, 잘 되는 때는 더 잘될 수 있는 전략을 구상해야 한다. 또 일주일 중에 어느 요일이 가장 장사가 잘 되는지를 보면 우리 가게가 주중형 매장인지 주말형 매장인지를 알 수 있다. 만약 주말형 매장이면 왜 주말형 매장인지, 주말에는 어떤 사람들이 주로 오는지를 파악해서 전략을 짜야 한다. 그리고 주중형 매장이면 주 고객은 어떤 사람들인지, 어느 시간대에 고객이 많이 오는지, 고객들은 주로 무엇을 사는지 등을 파악해서 왜 이 제품이 잘 팔리는지, 잘 팔리지 않는 제품의 경우엔 그 이유가 무엇인지, 잘 팔리는 제품을 더 많이 팔고, 잘 팔리지 않는 제품의 판매량을 늘리려면 어떻게 해야 할지에 대한 전략을 짜야 한다.

안타깝게도 이런 귀한 자료를 코앞에 두고도 잘 활용하지 못하는 경우가 많다. 데이터가 아니라 오로지 자신의 감에 의존해 선택하고 판단하는 것이다. 그런데 감이란 것은 결국 본인의 경험에 근거한 것이기에 주관적이고 제한적이며, 그만큼 정확도도 떨어진다.

"빅데이터 시대에 아직도 감으로 창업하세요?"

D는 데이터를 매우 영민하게 활용하여 남다른 성과를 내는 사업자이다. 그는 프랜차이즈 가맹점을 창업해 매장을 어느 정도 키운 후에 권리금을 받고 넘기는 전략으로 많은 돈을 벌고 사업장도 확장해 나가고 있다. 이름만 대면 알 만한 여러 브랜드의 매장이 그의 손을 거쳐 가는 동안 단 한 번도 실패 없이 매장을 키우고 높은 권리금까지 확보할 수 있었다. 철저하게 데이터에 근거하여 브랜드를 선택하고 매장을 운영한 덕분이다.

D는 다양한 데이터 중에 딱 두 가지만 집중해서 살피는데, 하나는 공정거래위원회에서 제공하는 프랜차이즈 정보공개서이다. 그중에서도 특히 '폐업률' 데이터에 주목한다. 그는 폐업률이 낮은 브랜드들을 몇 개 고른 후, 그 프랜차이즈 기업에서 신규 브랜드를 론칭할

 공정거래위원회의 정보공개서 열람

때 매우 관심 있게 지켜본다. 그리고 신규 브랜드의 초창기 가맹점이 몇 군데 생기면 그곳을 일일이 찾아가 점주들을 인터뷰한다. 약간의 사례금을 지급하고 가맹본부와 브랜드에 대한 다양한 정보를 얻는 것이다. 이때 가맹점주들이 브랜드에 대해 긍정적인 답변을 하며 적극적으로 추천하면 과감하게 그 브랜드를 선택해 신속히 가맹점 창업을 진행한다. 초창기에 진입해서 빨리 성공시켜야 충분한 권리금을 확보하고 빠져나올 수 있기 때문이다.

  D가 주목하는 또 다른 데이터는 'POS 데이터'이다. 그는 가맹점 개설 후엔 POS 데이터를 집중적으로 살피면서 갑작스럽게 매출이 떨어지거나 판매가 부진한 메뉴가 보이면 슈퍼바이저에게 개선점을 찾아보도록 요구한다. 단순한 감이 아닌 데이터에 근거한 제안과 요구를 하니 본사에서도 적극적으로 그의 의견을 받아들이고 해

결 방안을 만들어낸다. 이런 영민한 전략 덕분에 현재도 4~5개의 매장을 동시에 운영하며 모든 사업장에서 바라던 성과를 이끌고 있다.

소위 말하는 '브랜드 갈아타기'인 D의 전략이 다소 약게 보일 수도 있다. 그러나 매장을 성장시키기 위한 성실한 노력이 뒷받침되기에 그에게서 매장을 인수한 가맹점주들 또한 충분한 성과를 얻으며 만족스러워한다.

D처럼 굳이 권리금을 목표로 하지 않더라도 프랜차이즈 브랜드를 선택할 때 데이터에 근거한 판단은 무척 중요하다. 가맹률이 높아도 폐업률이 높다면 분명 그만한 문제를 내포하고 있다는 의미이며, 가맹점 수나 가맹률이 높지 않아도 폐업하는 점포가 거의 없다면 기존 가맹점이 충분히 현재의 상태에 만족한다는 의미로 해석될 수 있다. 즉, 그 프랜차이즈 기업은 가맹점을 충실하게 지원하며 올바른 성장을 하고 있다는 의미로 파악할 수 있다.

창업은 단순한 감이나 유행에 의존해서는 안 된다. 오랜 현장 경험을 바탕으로 축적된 빅데이터와 깊은 통찰이 있는 전문가에게 조언을 구하면 더없이 좋을 테지만, 여의치 않다면 정보력이 높고 성공 창업의 경험이 많은 지인들에게 의견을 구하는 것도 좋다. 그리고 무엇보다 창업자 스스로 빅데이터의 힘을 알고 잘 활용할 수 있어야 한다. D처럼 공정거래위원회에서 제공하는 프랜차이즈 정보공개서를 직접 살피고, 실제 가맹점주를 인터뷰하여 살아 있는 현장의 정보를 얻는 등 다양한 방법으로 데이터를 취합하고 분석할수록 성공 확률을 높이고 실패의 확률을 줄일 수 있다.

구글의 수석 이코노미스트 할 베리안Hal Varian은 "데이터 리터러시 역량은 누가 어떤 비즈니스에 종사하든 관계없이, 앞으로 10년간 가장 중요한 비즈니스 능력이 될 것이다."라고 했다. 데이터 리터러시 **Data Literacy**란 데이터 안에 숨겨진 의미를 파악하는 능력을 의미하는데, 이 능력은 창업자들에게도 꼭 필요하다.

데이터가 돈이 되는 세상에서 공짜로 주어지는 공공데이터의 활용은 물론이고, 내 매장의 현실을 가장 정확하게 보여주는 POS 데이터를 적극적으로 활용하고 해석해야 한다. 분명한 길을 가르쳐주는 내비게이션을 거부하고 감에 의존해 길을 찾아간다면 시간도 더 많이 걸릴뿐더러 목적지와는 전혀 다른 엉뚱한 곳에 도착할 수 있다. 감은 거짓을 향할 수 있지만 데이터는 언제나 진실만을 말한다. 누가 그 진실을 얻어 바라던 목적지에 닿는가는 결국 노력하기에 달렸다.

Key Point!

- ☐ 데이터는 대기업만의 전유물이 아니다.
- ☐ POS 데이터를 보면 내 점포의 현실을 알 수 있다.
- ☐ 낮은 폐업률 데이터는 프랜차이즈 브랜드 선택에서 중요한 자료이다.
- ☐ POS 데이터를 해석해서 고객의 니즈를 찾고 개선점을 모색하라.

영민한 창업전략_
맛있는 마케팅을 입혀라

당신의 마케팅은 안녕한가?

#내기준이아닌고객기준 #마케팅의동상이몽

휴가를 앞둔 군인이 거울 속 자신의 모습을 보며 흐뭇해한다. 고된 훈련과 군 복무에 찌들어 감춰져 있던 나의 매력을 이제야 맘껏 뽐낼 수 있다! 그는 사흘 밤낮으로 군복을 손질하고 군화에 반짝반짝 광을 냈다.

기다리고 기다리던 휴가를 맞아 군인은 넘치는 자신감으로 기차역에 도착했다. 그런데 그곳에는 군인1, 군인2, 군인3 등 휴가를 떠나며 한껏 멋을 낸 군인들이 즐비하다. 게다가 그 누구도 그에게 주목하지 않는다. 며칠을 군복을 다리고 구두에 광을 내고 아끼던 로션까지 듬뿍 발랐건만 사람들의 눈에 그는 그저 흔한 '군인' 중 한 사람일 뿐이다.

오래전 인상 깊게 본 웹툰의 한 장면이다. 군 복무 시절의 추억이 떠올라 웃기도 했지만 한편으론 성공을 꿈꾸는 많은 창업자의 모습을 보는 듯해서 안쓰러운 마음이 들었다. 빛나는 아이디어와 넘치는 열정으로 창업을 하지만 어쩐 일인지 바라던 성공은 점점 멀어져만 간다. 많은 돈과 시간을 쏟으며 노력했지만 안타깝게도 그 노력이 고객의 마음에 닿지 않는다. 창업자와 고객은 동상이몽의 상황처럼, 서로 다른 곳을 바라보고 있기 때문이다.

몇 년 전의 일이다. 서울 마포에서 젊은 MZ세대를 겨냥한 여성의류매장을 운영하던 K가 내게 업종 전환을 고민한다며 상담을 해왔다. 직접 생산공장까지 운영하며 원단이나 디자인 등 품질에 신경을 쓴 덕분에 오랜 불경기에도 제법 잘 버티며 선방하고 있던 터라 다소 의아했다. K는 의류업은 고객 응대 스트레스도 만만치 않고 재고 부담도 크며, 무엇보다 바라던 성과가 잘 나오지 않는다고 했다. 그래서 좀 더 쉽고 편하게 돈을 벌 수 있는 업종으로 전환하고 싶다고 했다.

K의 기대와는 달리 편하고 쉽게 돈을 벌 수 있는 업종은 없다. 모든 업종은 저마다의 장단점이 있기에 다른 업종으로 전환한다고 해도 나름의 고충은 다 있기 마련이었다. 그래서 나는 K에게 지난 5년간 쌓아온 의류업의 경력을 포기하기보다는 더 노력할 부분이 있는지 꼼꼼히 점검한 후 최선을 다해보자고 했다. 특히 그동안 소홀했던 마케팅에 힘을 기울일 필요가 있음을 강조했다.

"남들 다 하는 흔한 마케팅은 마케팅이 아니다"

"마케팅이요? 3년 전에 제법 돈을 들여서 멋진 쇼핑몰 기능이 있는 홈페이지까지 만들었는데 별 효과를 못 봤어요. 나름 신경 써서 군인이 아무리 멋을 내도 일반인이 느끼는 체감효과는 크지않다. 마찬가지이다. 나에게는 특별한 우리 매장이지만, 소비자에게는 흔한 매장들 중 하나일 뿐이다. 차별화를 시도하자.

"역시 나만 멋있어"

멋지게 꾸민다고 꾸몄는데 왜 별다른 성과가 없었는지 이해가 안 돼요."

역시 짐작대로였다. 인터넷에서 흔히 볼 수 있는, 개성 없고 평범한 홈페이지였다. 제아무리 군화에 광을 내고 매끈하게 군복을 다림질해도 남들 눈엔 수많은 군인 중 한 명이듯 K가 신경 써서 꾸몄다던 홈페이지도 고객에겐 수많은 홈페이지 중 하나일 뿐이었다. K의 의류회사 역시 좋은 원단으로 품질 좋은 옷을 생산하고 있었으나 그것만으론 주 고객층인 MZ세대 여성의 마음을 사로잡을 수 없었다. 옷의 디자인과 코디는 물론이고 쇼핑몰의 디자인, 홍보와 브랜딩 등 고객의 시선으로 바라보며 새롭게 출발해야 할 것들이 많았다.

나는 시장조사부터 시작하기로 했다. 예산이 넉넉하지 않았기에 포토그래퍼와 취재기자의 역할을 동시에 할 수 있는 직원을 채용해 시장조사에 투입했다. 새로 뽑힌 직원은 붙임성이 좋은 밝은 성격에 사진 실력도 좋았다. 게다가 연예기획사에서 코디네이터를 했던 경력까지 있어서 옷을 보는 감각도 좋았고, 브랜드를 키워보겠다는 열정도 있었다. 나는 직원에게 "이제부터 의류브랜드의 기자가 되어 20~30대의 MZ세대 여성들이 어떤 스타일의 옷을 좋아하는지에 대해 집중적으로 조사하라."라는 임무를 주었다.

조사 기간은 총 2주로 잡았고, 조사 루트는 온라인과 오프라인으로 나눈 후 더 세부적으로 정해주었다. 처음 1주일은 온라인에 집중했다. 포털사이트에서 상위에 노출되는 인기 쇼핑몰과 주력 판매 제품, 홈쇼핑에서 인기 있는 제품들을 살피며 트렌드를 파악했다. 또 인스타그램이나 블로그 등 주요 SNS 채널에서 주력하여 홍보하는 MZ세대 여성 의류와 고객 반응, 그리고 드라마나 영화, 쇼프로그램 등에 등장하는 젊은 여배우들의 패션도 꼼꼼히 살폈다.

오프라인으로는 유명 백화점은 물론 동대문과 남대문 등의 의류 도매상을 직접 돌며 점주와 판매원들에게 인터뷰 형식으로 트렌드를 취재했다. 그뿐만 아니다. 붙임성 있고 밝은 성격의 직원은 특유의 사교성을 발휘하여 강남의 유명 쇼핑 거리를 돌며 패션 감각이 뛰어난 20~30대 여성들에게 동의를 얻어 사진도 찍고 최신 패션 트렌드에 대한 인터뷰도 했다.

그렇게 온라인과 오프라인을 탐색하며 모은 자료를 토대로 인스타그램을 완성했다. 마케팅에 투자할 예산이 넉넉하지 않았기에 쇼핑몰을 리뉴얼하기보다는 돈이 거의 들지 않는 인스타그램을 통해 관심을 끌어보기로 한 것이다. 그동안 준비했던 자료들을 최신 유행 패션잡지 수준의 고 퀄리티 콘텐츠로 완성하여 하나씩 인스타그램에 올렸다.

그렇게 얼마간의 시간이 지나자 입소문을 타고 패션을 중요하게 생각하는 20~30대의 인싸 여성 팔로워가 점점 늘어났고, 이곳에 오면 최신 트렌드를 한눈에 알 수 있다는 인식을 심어줄 수준까지 이르렀다. 그때부턴 인스타그램에 K의 회사 제품들을 하나씩 올리기 시작했다. 그리고 방문자들이 제품에 대해 문의하거나 구매 의사를 보이기 시작하자 즉시 온라인쇼핑몰을 연결해 구매가 원활하게 이루어지도록 했다. 또 의류업의 가장 큰 골칫거리인 재고문제도 할인이나 묶음 판매 등의 정기적인 이벤트를 통해 신속히 해결하며 자금의 흐름을 원활하게 했다.

"그동안 나름 마케팅을 한다고 했는데, 고객이 무엇을 원하는지 살피지 않고 내 마음대로 했던 것 같아요."

온라인쇼핑몰을 통한 구매자가 갈수록 늘어나고 재고문제까지 함께 해결되니 K는 새삼 마케팅의 힘에 대해 감탄하며, 나에게 감사의 인사를 했다.

"마케팅은 내가 아닌 고객이 기준!"

"이 책을 읽고 나서 더도 말고 덜도 말고 딱 한 가지, 항상 다른 사람의 입장을 헤아리고 그의 관점으로 사물을 보려 노력하면, 그것이 자기 인생을 구성하는 주춧돌이 되었음을 깨닫는 날이 분명히 올 것이다."

데일 카네기의 《인간관계론 How to Win Friends and Influence People》에 나오는 말이다. 그는 책에서 인간관계의 달인이 되기 위한 최고의 조언으로, "성공의 비결을 단 하나 꼽으라고 한다면, 그것은 상대방의 관점을 파악하여 나의 관점뿐만 아니라 상대방의 관점에서도 사물을 볼 줄 아는 능력일 것이다."라던 헨리 포드의 말을 꼽았다.

상대의 관점에서 살피라는 조언은 마케팅에도 그대로 적용된다. 내가 아무리 열심히 해도 그것이 고객의 마음에 닿지 않으면 아무런 소용이 없다. 사람들의 흔한 착각 중 하나가 노력에 비례해서 성과가 창출될 것이란 계산이다. 틀린 생각은 아니지만, 노력이 결과를 올바르게 이끌기 위해서는 전제조건이 있다. 방향이 잘 맞아야 한다. 돈과 시간과 열정을 투자했지만 엉뚱한 방향으로 달렸다면 성과는커녕 오히려 낭패만 보는 일도 생긴다. 홈페이지나 쇼핑몰 등의 다양한 마케팅 활동 역시 어디로 움직여야 할지 방향이 올바르게 설정되어야 한다.

마케팅에 있어 올바른 방향이란, 내가 아닌 고객이 기준이 되는 것이다. 즉, 고객이 원하는 것이 무엇인지를 정확하게 파악하고, 그것에 다가갈 수 있는 방향으로 움직여야지만 바라던 성과를 얻을 수 있다.

- 나의 기준과 고객의 기준은 다를 수 있다.
- 평범한 그들 속에 특별한 내가 되어야 선택받는다.
- 방향이 틀리면 노력도 소용없다.

나만의 강점으로 성공의 포인트를 디자인하라

#배달만큼은최고 #강점을강화

　8년 전의 일이다. 포스시스템 구축을 위해 방문했던 곳에서 기존의 성공방식을 무너뜨린 다소 특이한 창업자를 만난 적이 있다. 배달음식점을 창업한 P는 주방시설이나 집기류들을 모두 반짝거리는 새것으로 준비해 두었는데, 정작 중요한 음식과 관련한 노하우가 전혀 없었다. 음식 장사로 성공하려면 요리 담당 직원이 있다고 해도 주인이 음식에 대해 어느 정도는 알고 있고, 자신만의 비법도 가지고 있어야 한다. 그런데 P는 음식점 주방에서 일한 경력도 전혀 없고, 심지어 사업의 경험조차 없는 그야말로 생초보 창업가였다. 실제로 시식을 한번 해보라고 내어준 음식은 어디서나 맛볼 수 있는 평범한 맛 그 자체였다.

　더 의아한 것은 P는 누구에게도 뒤지지 않을 만큼 성공에 대한 자신감이 충만하다는 점이었다. 그런데 P와 이야기를 나누다 보니 그가 왜 그렇게 성공을 확신하는지 알 것 같았다. P는 자신만의 분명한 강점이 있었고, 그것을 적극적으로 활용하여 고객을 만족시킬 준비가 돼 있었다.

"나는 배달 하나는 끝내주거든요! 누구보다 빠르게 배달할 자신이 있어요."

중화요리점의 배달 직원으로 20년을 일했다는 그는 자신의 점포가 위치한 상권의 모든 길을 눈을 감고도 지도를 그릴만큼 세세하게 알고 있었다. 게다가 시시각각 달라지는 도로의 교통 상황까지 고려하여 최단시간에 배달할 수 있는 최적의 동선도 완벽하게 파악하고 있었다.

"고객을 감동하게 할 정도로 음식 맛을 내려면 그만큼 시간과 비용이 늘 수밖에 없어요. 그래서 나는 비록 평범한 맛이지만 음식을 좀 더 싸게 드리고, 신속하게 배달해서 만족감을 높여드리는 전략을 세운 거죠."

P는 자신의 강점인 '배달'에 집중하며, 신속한 배달이 필요한 고객에게 최고의 만족감을 주고 싶다고 했다. "조금 더 기다리더라도 기왕이면 맛있는 음식을 먹어야지!"라고 생각하는 사람도 있듯이 배가 너무 고프거나 눈코 뜰 새 없이 바쁠 땐 "빨리 오는 음식이 최고다!"라고 생각하는 사람도 있다. 후자의 경우, 맛은 보통의 수준이면 되니 무조건 신속하게 배달해주는 것이 고객만족의 포인트이다.

창업 초기에 P는 치킨에만 주력하며 입소문이 나길 기다렸다. 주문이 많을 때를 대비해 기계를 넉넉하게 갖춰두고 깨끗한 기름에 치킨만 튀겨 판매하면서 고객들 사이에 '갓 튀겨낸 바삭한 치킨을 번개의 속도로 배달하는 집'이라는 입소문이 나도록 한 것이다. 기대했던 성과가 나자 상호를 추가하고 메뉴를 늘여, 치킨 배달전문점, 돈가스 배달전문점, 탕수육 배달전문점 등 튀긴 음식으로 특화된 집이라는 이미지를 만들어 갔다.

　튀긴 음식의 생명인 바삭함을 제대로 살려주는 신속한 배달 덕분에 고객이 점점 늘자 P는 이제 닭발, 제육볶음, 갈비찜, 부대찌개 등 메뉴를 좀더 다양화하며 사업을 확장해갔다. 반조리 상태의 식자재를 공급받아 최대한 신속하게 음식을 만들다 보니 오랜 공정과 시간을 들여 만든 음식의 맛을 따라잡을 수는 없었다. 하지만 애초의 전략대로 배달만큼은 최고라는 강점을 성공의 포인트로 활용하며 고객만족을 이끌었고, 현재는 해당 상권에서 배달음식점의 공룡으로 성장했다.

　P는 배달전문점답게 아예 여러 명의 배달 담당 직원을 고용해서 교육하고 신속한 배달이 이루어지도록 했다. 주문이 밀려드는 시간대에는 마치 항공기 관제탑의 지시를 방불케 할 정도로 긴장감이 넘쳤다. P는 한쪽 벽면에 붙여진 커다란 지도 앞에 서서 직원들에게 배달 동선을 지시했는데, 최단 거리의 동선을 짜주는 것은 물론이고, 같은 동선으로 연결된 음식들은 동시에 배달할 수 있도록 최적의 동선도 짜주었다.

　일이 많아 몸이 고된 만큼 P는 직원들을 위한 배려도 잊지 않았다. 널찍한 매장 안에 배달 직원들의 휴식공간을 안락하게 만들어두고, 직원마다 휴식시간을 따로 정해서 돌아가면서 쉴 수 있도록 배려했다.

　P의 점포를 꾸준히 관리하며 나는 자신의 강점에 집중해서 고객만족의 포인트를 찾은 그의 전략에 무척 감동했다. 음식의 생명은 맛이 분명하지만, 맛으로 이길 수 없다면 최소한 배달만큼은 최고가 되어야 한다는 그의 전략이 신속한 배달을 원하는 고객들에게 제대로 통한 것이다.

　그때로부터 8년이 흐른 지금 우리나라는 세계 제1의 배달 강국이 되었을 정도로 배달음식점도 많아졌고, 배달대행업도 성행하고 있다. 또 시장의 경쟁이 치열해진 만큼 P처럼 신속한 배달을 강점으로 하는 업체도 늘었다. 그럼에도 아무도 '배달'에 집중하지 않았던 과거에 자신만의 강점으로 차별점을 만들고, 성공의 포인트를 디자인한 영민한 전략 덕분에 P는 더 큰 성공의 발판을 준비할 수 있었다. 2년 전 P는 수도권의 인기 상권에 상가건물을 매입하여 월세 수익을 올리는 건물주가 되었다. 그리고 그곳에서 자신의 매장도 직접 운영하며 여전히 신속한 배달에 주력하고 있다. 시장환경의 변화로 경쟁자는 늘었으나 탄탄한 수익구조를 미리 준비한 덕분에 큰 흔들림 없이 자신의 성공전략을 펼쳐나가고 있다.

"나의 강점 위에 나를 구축하라!"

강점이 분명한 기업은 그것을 좋아하고 필요로 하는 소비자들의 높은 충성도를 확보할 수 있다. 혁신의 아이콘으로 불리는 애플은 애플리케이션의 개발자와 사용자 등 관련 산업과 사람들이 애플을 중심으로 상호작용하도록 '애플 생태계'를 만든 것이 최대 강점으로 꼽힌다. 게다가 애플에서 개발하는 제품의 디자인 또한 소비자들 사이에서 최대 강점으로 여겨진다.

기술에 디자인을 맞추는 여느 기업과 달리 애플은 디자인에 기술을 맞추는 제품 개발 프로세스로 유명하다. 1997년에 애플에 복귀한 스티브 잡스는 '애플을 디자인 중심의 기업으로 만들겠다'라고 선언하고, 애플 최고의 디자이너인 조나단 아이브와 '단순함'으로 상징되는 애플 고유의 디자인을 창조해낸다. 덕분에 애플은 군더더기 없는 심플한 디자인에서 풍기는 세련됨을 창조하며 소비자에게 애플만의 강력한 이미지를 만들어갔다. 이렇듯 분명한 강점이 있다 보니 아이폰이나 아이패드, 맥북, 에어팟 등 애플 제품은 재구매율이 무려 90%에 달하는 매우 높은 고객 충성도를 자랑한다.

"너의 강점 위에 너를 구축하라!"

경영학의 아버지로 불리는 피터 드러커가 한 말이다. 그는 "성과는 약점의 보완보다는 강점을 강화하는 데서 산출된다."라고도 했다. 돈이나 실력 등 누가 봐도 엄지를 치켜들 만한 든든한 '믿는 구석'이 없는 창업자들이 귀 기울여야 할 말이다.

우리는 모두 저마다의 강점이 있다. 강점은 수능성적이나 자격증 시험의 합격, 불합격과 같이 객관적인 잣대로 평가되는 것이 아니다. '남보다 우세하거나 더 뛰어난 점'이 나만의 강점이 될 수 있기에 잘 웃는 것도 강점이고 잘 먹는 것도 강점이 된다. 심지어 상황에 따라 키가 큰 것도 강점이고 작은 것도 강점이 될 수 있다. 남들보다 더 잘할 수 있으면 그것이 나의 강점이며, 이런 강점을 즐겁고 신나게 발휘한다면 그것이 나의 최고의 경쟁력이 된다.

모든 것을 다 잘하면 더없이 좋겠지만 현실은 그리 이상적이지 않다. 그래서 단 한 가지라도 남들보다 더 잘할 수 있는 것이 있다면 그것을 강점으로 키워 성공의 포인트를 디자인해야 한다. 성공은 땀과 시간, 열정의 총집합체이기도 하지만 '이것만큼은 끝장나게 잘한다'라는 나만의 강점이 있어야 더 빠르고 영민하게 성취할 수 있다.

- ☐ 이것만큼은 끝장나게 잘한다는 강점을 만들어라.
- ☐ 강점에 집중해서 고객만족의 포인트를 찾아라

가장 빠른 거북이가 되자

#브랜드의방향 #확실한컨셉이마케팅 #박리다매

무한경쟁 시대, 넘쳐나는 브랜드 시대에서 소비자에게 선택받으려면 경쟁업체와 확실히 구별되는 나만의 분명한 색깔이 있어야 한다. 즉 확실한 브랜드 컨셉을 만들고 이를 마케팅 전략의 포인트로 활용해야 한다. 이때 단순하게 '다르다'에 집중한 차별점이 아닌, 소비자의 니즈가 제대로 반영된 차별점을 찾는 것이 관건이다. 그리고 이러한 차별점이 브랜드 컨셉으로 이어져 마케팅 포인트로 제 역할을 하려면 일관성 있게 지켜나가는 것이 중요하다.

"피자가 한 판에 5,000원이라고?!"

2004년에 론칭한 '피자스쿨'은 한 판에 5,000원이라는 파격적인 가격으로 국내 피자 프랜차이즈 시장에 이변을 일으켰다. 가격이 경쟁사들의 3분의 1 수준인 데다 맛이나 크기도 별다른 차이가 없었기에 소비자들은 의아하지만, 반가운 마음으로 저렴한 가격의 국민피자를 즐겼다.

 나는 피자스쿨이 시장에서 이름을 알리기 시작하던 초창기부터 호기심을 가지고 눈여겨 지켜보았다. 과연 이 브랜드가 얼마나 오랫동안 시장에서 살아남을 수 있을지, 그들이 추구하는 박리다매의 저가정책을 얼마나 오래 지켜나갈 수 있을지가 궁금했다. 더군다나 내로라하는 국내외의 유명 브랜드들이 이미 해당 시장을 장악한 데다 우후죽순으로 생겨나는 신규브랜드도 많았기에 더더욱 그 행보에 관심이 갔다.

 그로부터 20년 가까운 긴 세월이 흐른 현재까지 피자스쿨은 대부분의 메뉴가 만 원을 넘지 않는, 창립 초기의 박리다매 브랜드 컨셉을 우직하게 지켜나가고 있다. 덕분에 국내 프랜차이즈 기업 중 유일하게 저가정책의 성공적 모델로 성장해나가고 있다. 심지어 업계 최다 가맹점 수, 최저 폐업률을 자랑하며 가맹점과의 건강한 상생 관계도 잘 이어오고 있다. '피자'는 외식사업 중 치킨 못지않게 과열된 시장이라 피자스쿨의 오랜 생존과 꾸준한 성장은 감탄스럽기까지 하다.

느리지만 뚝심 있게!"

 국내외 대형 브랜드들과의 경쟁에서 피자스쿨이 이렇듯 탄탄히 자리 잡을 수 있었던 데는 크게 세 가지 전략이 그 바탕에 있다. 첫 번째가 박리다매의 원칙을 지키는 '가격파괴 전략'이다. 피자는 물론이고 치킨, 보쌈, 족발, 김밥 등 대부분의 외식 메뉴들은 시장에서 일정 수준의 단가가 정해져 있다. 그래서 신규 창업자가 메뉴의 가격을 결정할 때도 큰 고민 없이 타 브랜드에서 이미 형성해놓은 시장의 가격을 따른다.

피자스쿨은 이러한 기존 시장의 룰을 과감히 깨뜨렸다. 거품에 가까운 높은 가격의 피자를 누구나 부담 없이 먹을 수 있는 서민적인 가격으로 더 많은 사람에게 피자를 팔겠다는 박리다매 전략을 세우고, 20년 가까이 지켜오고 있다. 흔히들 박리다매 전략으로 시장에 진입하여 인지도를 높이고 가맹점이 늘면 신메뉴를 출시하면서 점점 가격을 시장의 기준에 맞추곤 한다. 그런데 피자스쿨은 20년 가까이 브랜드 컨셉을 지키고 있고, 이것이 최고의 마케팅 전략으로 작용하며 많은 충성고객을 확보하고 있다. 맛이나 품질, 양이 뒤지지 않는 데다 가격이 절반도 안 되니 다른 브랜드로 이탈할 이유가 없는 것이다.

피자스쿨의 성장과 성공을 이끈 두 번째 전략은 가맹점과의 탄탄한 '상생운영정책'이다. 피자스쿨은 현재 프랜차이즈 피자 브랜드 중에서 손꼽히는 많은 가맹점을 가지고 있다. 가맹점 개설에 필요한 비용 또한 과감히 거품을 뺀 덕분이다. 게다가 피자스쿨은 가맹점 수가 많음에도 신규 가맹점 개설 시에 각 가맹점 간의 거리 제한을 철저하게 지키는 것으로도 유명하다. 그래서 예비창업자가 가맹점 개설을 원해도 기존 가맹점과 일정 거리가 유지되지 않으면 개설해주지 않는다. 가맹점을 하나라도 더 개설하려 기존 가맹점과의 거리 제한의 원칙을 무시하는 여느 프랜차이즈들과는 무척 상반되는 모습이다. 덕분에 피자스쿨은 가맹점과의 법적 분쟁이 단 한 건도 발생하지 않은 모범적인 기업으로도 유명하다.

세 번째 전략은 저가정책을 유지하기 위한 본사의 끊임없는 노력이다. 흔히들 가격이 파격적으로 싼 만큼 양이나 맛, 재료의 품질도 떨어질 것이라 짐작한다. 낮은 가격이 매력으로 작용할 수는 있으나 양이나 품질을 가격에 걸맞게 낮추면 결국 소비자는 "싼 게 비지떡"이라는 결론을 내리며 떠나가게 된다. 이는 여느 프랜차이즈들의 저가정책이 실패하는 가장 큰 요인이기도 하다. 피자스쿨은 식재료의 대량구매, 도우의 대량생산 및 공급, 특제소스 개발 등의 노력을 통해 맛과 품질을 유지하고 있다. 본사가 조금 더 땀 흘려서 가맹점과 소비자 모두를 만족시키려 노력하는 것이다.

남들과 비슷하게 노력하면 비슷한 수준의 성과만 얻을 수 있다. 다들 성공하려면 차별화 포인트를 찾고 소비자에게 선택받을 수 있는 나만의 매력을 만들어야 한다고 말한다. 그런데 현실은 어떤가. 이미 과열된 경쟁환경에서 차별화 포인트를 찾기도 쉽지 않을뿐더러 찾는다고 한들 그 원칙을 뚝심 있게 지켜나가기도 어렵다. 창업 초기의 절박함이 사라지면, 더 쉽게 일하고 더 많이 벌고 싶은 욕심이 생겨나기 때문이다. 피자만 하더라도 남들은 한 판을 만들어서 만 원을 남기는데 3천 원만 남기고 싶은 사람이 누가 있겠는가. 남들보다 3배로 일하는 힘들고 수고스러운 길을 가려는 사람은 없다.

모두가 가지 않는 길이기에 내가 그 길을 간다면 그것이 바로 최고의 차별화 포인트가 된다. 그 길이 비록 험난하고 힘들지라도 홀로 뚝심 있게 나아간다면 결국 남들보다 더 빨리 더 멀리 갈 수 있다. 성공 창업에는 신작로도, 지름길도 없다. 성공에 이르는 가장 빠르고 확실한 길은 '험난하지만 느리게라도 뚝심 있게 가는 길'이다.

Key Point!

- 분명한 브랜드 컨셉을 만들고 우직하게 지켜가면, 결국 최고의 마케팅 포인트가 된다.
- 남들처럼 하면 남들만큼 된다. 험난하지만 뚝심 있게 나아가야 남들과 다른 더 나은 결과와 만난다.
- 가격이 낮다고 품질까지 낮아서는 안 된다. 박리다매 전략이 성공하려면 품질은 유지하되 가격을 낮출 방안을 적극적으로 모색해야 한다.

당신을 위한 특별한 서비스

#니치마케팅 #그룹형멤버십포인트

　주인 없는 집에서 강아지가 혼자 텔레비전을 보고 있다고? 심지어 화면에는 강아지만을 위해 특별히 제작된 맞춤형 방송이 나오고 있다!

　누군가에겐 황당하게 또 누군가에겐 기발하게 들릴 이 이야기는 영화가 아닌 실제 현실에서 일어나는 상황이다. CJ헬로비전은 반려견을 위한 채널 '도그DOG TV'를 출시해 애견인들에게 큰 인기를 끌고 있다. 반려견을 키우지 않는 사람은 도통 이해하지 못할 황당한 서비스이지만 집에 혼자 있을 반려견을 걱정하는 소비자에겐 더없이 기발한, 그리고 꼭 필요한 서비스가 아닐 수 없다.

　예비창업자들이 가장 많이 고민하는 것이 "시장에 도전해서 살아남고 성공하려면 과연 무엇을 팔아야 할까?"일 것이다. 가뜩이나 치열한 경쟁 상황에서 고객에게 선택받고 살아남으려면 남들과 다른 특별한 시장을 찾아내는 것이 중요하다. 이 단계에서 참고하면 좋을 것이, 시장을 더욱 세분화하여 소수의 소비자를 공략하는 '니치 마케팅Niche Marketing' 전략이다.

  최고가 아니면 선택받기 어려운 일반 방송 프로그램과 달리 반려견을 위한 방송 프로그램은 흔치 않은 만큼 소수의 특정 소비자에게 선택받기가 수월하다. 냉장고도 마찬가지다. 냉장고는 없는 집이 드물 정도로 필수가전이지만 한번 장만하면 10년은 거뜬히 버티는 덕에 구매 유도가 쉽지 않다. 게다가 내로라하는 대기업이 시장을 꿰차고 있으니 진입도 힘들다. 하지만 김치를 많이 먹는 가정을 위해 김치 냉장고를, 와인을 즐기는 사람들을 위해 와인 냉장고, 화장품을 신선하게 보관하려는 니즈가 있는 사람을 위해 화장품 냉장고를 만들어서 파는 것은 상대적으로 수월하다. 물론 이 또한 지금은 이미 누군가 시장을 찾아내고 선점해 있기에 새롭게 시장에 진입하기 위해선 또 다른 시장의 틈새를 찾아내 공략할 필요가 있다.

  소상공인의 창업에도 니치 마케팅은 매우 효과적이다. 소비자가 많은 대중적인 시장은 그만큼 공급자도 많고 경쟁도 치열하다. 게다가 선점업체의 힘도 막강해서 어지간한 제품력이나 마케팅 능력이 아니고서는 명함도 못 내민다. 맛있는 김치찌개를 만들어 불티나게 팔고 싶겠지만 그것은 그저 바람일 뿐, 현실은 이미 맛있는 김치찌개를 파는 가게가 널렸다. 그들끼리도 피 터지는 경쟁을 하는 상황에서 괜히 나까지 보태서 뭐하겠는가. 물론 둘이 먹다 하나가 기절해도 모를 정도의 탁월한 맛이라면야 상황은 달라지겠지만 사실 그런 맛은 흔치 않다.

  그저 그런 김치찌개라면 굳이 과포화된 시장에 들어가 함께 피 터질 필요는 없다. 김치찌개나 된장찌개 같은 대중적인 시장은 머리에서 지우고 아직 아무도 찾지 않은, 그러나 누군가는 꼭 필요로 하는 시장을 찾아야 한다. 1인 가구나 혼밥인을 위한 1인 배달음식 전문점, 동물성 식품을 전혀 먹지 않는 비건들을 위한 비건 베이커리나 비건 요리 전문점, 매운 맛에 희열을 느끼는 사람들을 위한 매운 요리 전문점, 발이 작은 성인들을 위한 스몰사이즈 구두 전문점 등 소비자의 니즈를 세분화하고 시장의 틈새를 찾아내 "우리는 당신만을 위한 특별한 제품과 서비스를 판매한다"라는 느낌을 전하는 것이다.

"고객을 나누고 묶어라"

한편 이미 대중적인 시장에서 창업해 업종의 변경이 힘든 상황이라면 고객을 좀 더 세분화한 마케팅 전략을 활용하는 것도 도움이 된다. 공통점이 있는 고객끼리 그룹으로 묶어 그들만을 위한 특별한 혜택을 선물하는 것이다.

수도권의 공장단지와 대학가의 상권이 중첩된 상권에서 호프집을 운영하는 B는 매출향상을 위한 방안을 찾으려 내게 컨설팅을 요청해왔다. 매출이 낮은 것은 아니었으나 경쟁업체들이 하나둘 늘다 보니 미리 대책을 찾아보려는 것이었다. 새로운 고객의 유입이 잦은 번화가 상권과는 달리 B의 호프집은 갇혀 있는 상권이다 보니 단골의 확보가 성공의 포인트였다. 유행이 바뀔 때마다 그에 맞춰 인테리어를 바꾸기엔 비용이 너무 많이 들고, 메뉴 개발이나 서비스의 품질 향상 또한 한계가 있었다.

"멤버십 포인트 제도를 활용해보죠. 대신 여느 점포들과는 다르게 고객을 더 세분화해서 포인트를 적립해주어 재미와 실용성을 한꺼번에 선물하는 거죠."

큰돈을 들이지 않고도 고객에게 지속적인 만족감을 주어 단골로

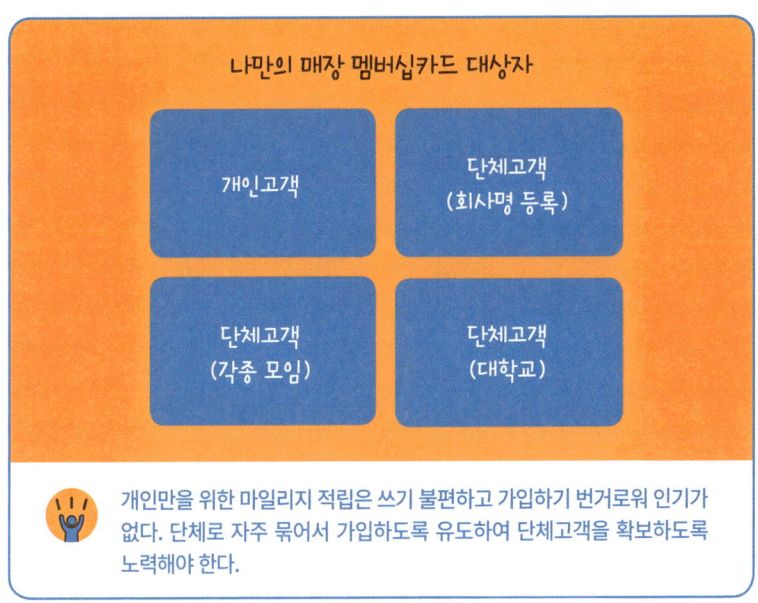

전환할 수 있는 것이 '포인트 제도'이다. 그런데 요즘은 포인트 제도를 활용하는 점포들이 많아 큰 차별점이 없기에 나는 고객을 세분화해서 나눈 후 그룹으로 묶어서 멤버십 포인트를 적립하자는 제안을 했다. 예컨대 ☆☆기업의 ♡♡부서, ○○대학교의 ♣♣과와 같이 회사마다 부서별, 팀별 그룹을 만들고, 대학마다 과별, 동아리별 모임을 만들어 각각 포인트를 묶어서 적립해주는 것이다.

  B는 내 제안을 흔쾌히 받아들였고, 즉시 실행했다. 이색적인 멤버십 포인트 제도에 고객들은 흥미로워했고, 기대 이상의 효과를 거뒀다. 개인적인 친목 모임을 할 때도 잊지 않고 포인트 적립을 했고, 단체 회식을 할 때는 포인트 적립을 위해 일부러 B의 가게를 찾았다.

  "우리 포인트 얼마나 쌓였어? 다음에는 포인트로 한잔 먹으러 와도 되겠다."

단체로 오다 보니 매출은 매출대로 오르고 고객의 포인트도 금세 쌓였다. 예를 들어 10명 정도 되는 팀이 회식을 2주에 한 번씩, 자주 하는 곳은 1주에 한 번씩 온다고 가정하면 대부분 한두 달 정도 지나면 웬만한 안주는 포인트로 먹을 수 있다. 고객은 포인트로 공짜 안주를 먹을 수 있어 신이 나고, B는 얼마 안 되는 원가로 고객에게 고맙다는 인사까지 들으니 누이 좋고 매부 좋은 최고의 전략이 아닐 수 없었다.

그뿐만 아니다. 단체 회식으로 식사를 다른 곳에서 하더라도 2차로 어디로 갈지 고민할 때 "거기에 우리 포인트 많이 쌓여 있으니 공짜 안주 먹으러 가죠!"라며 우선순위로 떠오르는 점포가 된다. 대학교의 경우엔 같은 학과나 동아리 선배들이 쌓아놓은 포인트를 후배들이 몰래 사용하는 재미도 쏠쏠하다. 그래서 후배들을 위해 일부러 포인트를 쌓아두는 선배들도 많다. 이렇듯 고객을 세분화하고 그룹으로 묶어 멤버십 포인트를 제공하니 재미와 실익을 함께 제공할 수 있어서 고객의 반응이 무척 좋았다.

시장의 경쟁이 거세질수록 쪼개고 나눠서 섬세한 틈새를 찾아야 한다. 신규 창업자가 틈새시장을 찾기 위해 시장을 세분화하고, 기존 창업자가 맞춤형 서비스를 제공하기 위해 고객을 더욱 세분화하는 것은 창업자와 고객 모두에게 득이 되는 전략이다. 창업자는 새롭고 다양한 이윤 창출의 기회를 찾게 되고, 고객은 더 섬세하고 정성스러운 자신만을 위한 서비스를 받게 되니 만족감이 커질 수밖에 없다. 모두를 위한 서비스도 좋지만 나만을 위한 특별한 서비스는 더 좋다.

 **Key Point!**

- ☐ 작지만 큰, 그들만의 시장을 찾아 공략하라.
- ☐ 고객을 나누고 묶어서, 평범하지만 특별한 서비스를 제공하라.

사면 살수록 더 퍼주는 마케팅

#밑지는장사없다 #퍼줘야남는다

　우리 동네에 만 원을 사면 오천 원을 돌려주는 빵집이 있다면 유혹당하지 않을 자신이 있을까? 게다가 빵의 종류도 다양하고 맛도 좋으며, 주인장도 친절하고 가격도 합리적이라면 단골이 되지 않을 이유가 없을 듯하다.

　아파트 밀집 상권에서 개인 빵집을 운영하는 Y는 내로라하는 프랜차이즈 빵집을 이기고 수많은 단골을 확보하고 있다. 덤은커녕 100원짜리 하나까지 다 챙겨 받는 프랜차이즈 빵집과는 달리 넉넉한 인심으로 사람들의 마음을 얻은 것이다. Y는 빵집을 개업하며 처음 한 달간 빵을 구매한 모든 고객에게 쿠폰을 주었다. 현금은 구매한 금액의 50%를, 카드는 구매한 금액의 30%를 쿠폰으로 발행해 줬다. 게다가 오픈 행사가 끝난 후부터는 매월 지정된 날짜와 기간에 같은 이벤트를 계속하고 있다.

'쿠폰은 다음 달 1일부터 5일 사이에 사용할 수 있다'와 같이, 쿠폰 사용의 기간도 정해주고 그 기간이 되면 평소보다 훨씬 더 많은 빵을 만든다. 구매금액의 30%나 50%는 적은 돈이 아닌 만큼 대부분 평소 모아두었던 쿠폰을 활용하려 기간에 맞춰서 빵을 구매하러 오기 때문이다.

숫자로만 계산하면 구매액의 30~50%를 돌려주니 남는 게 있을까 의아하겠지만, 밑지는 장사 없다는 말처럼 손해 볼 일은 없다. 게다가 통 큰 마케팅이 다양한 긍정적인 효과를 가져오니 결국은 더 크게 남는 장사이다. 실제로 Y의 다 퍼주는 통 큰 마케팅은 여러 가지 성과를 냈고, 그 성과들이 선순환을 일으켜 빠르게 단골이 확보됐다. 우선 50% 쿠폰 덕분에 현금 매출이 많았고, 그로 인해 카드수수료 절감과 신속한 현금 회전 등의 효과가 있었다.

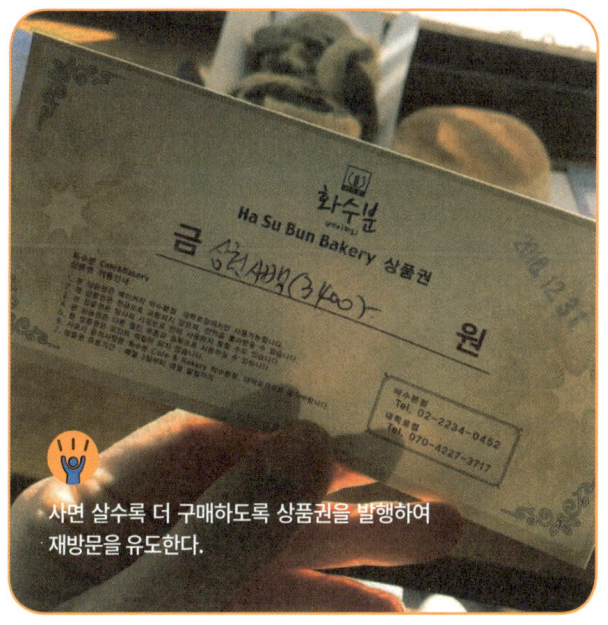

사면 살수록 더 구매하도록 상품권을 발행하여 재방문을 유도한다.

그뿐만 아니다. 쿠폰행사에 이끌려 왔다가 Y의 빵을 맛본 손님들은 재구매로 이어졌고, 이웃에게 입소문까지 내줬다. 게다가 쿠폰을 주는 날과 사용하는 날에는 점포에 손님이 줄을 서서 들어오는 진풍경이 벌어지는데, 지나가던 사람들이 호기심에 Y의 빵집으로 향하는 보너스 장면까지 연출된다.

매출의 30~50%를 돌려주는 이벤트는 결국 앞으로는 밑지는 듯 보였으나 뒤로는 엄청난 이익을 남겼다. 단골이 꾸준히 늘면서 매출도 오르고, 판매량이 점점 늘자 식자재의 대량구매로 전체적인 생산 단가가 낮아지는 선순환의 구조가 만들어졌다. 심지어 점포의 몸값인 권리금까지 껑충 뛰어올라 점포의 이전이나 폐업 시에 든든한 보험까지 보장됐다. 이것이 바로 다 퍼주는 통 큰 마케팅의 힘이다.

"주는 것이 남는 것이다"

20년 가까운 시간을 창업의 최전방에서 수많은 창업자와 함께하다 보니 소상공인 중 상당수가 의외로 마케팅을 평가절하 하거나 소홀히 하는 경향이 있다는 것을 알게 됐다. "맛만 있으면 게임은 끝난다!", "목 좋은 곳은 문만 열어 놔도 손님이 온다!", "고객을 왕이라 여기며 무조건 친절하면 돌아섰던 고객도 다시 온다!"라며 나름의 성공공식을 설파한다. 틀린 것은 아니지만 그들이 간과하고 있는 것이 있다. 바로 '마케팅의 힘'이다. 내가 여기에 있다고 힘껏 알리지 않으면 제아무리 훌륭한 제품과 서비스도 고객에게 닿지 못한다.

한 집 건너 한 집이 음식점인 세상이 되었다. 게다가 방송이나 유튜브 등에서 요리의 대가라는 사람들이 자신만의 노하우를 공개적으로 쏟아내고 있다. 맛있는 집이라고 '소문'만 나면 첩첩산중이라도 찾아가는 세상이 되니 좋은 상권도 절대적인 힘을 갖지는 못한다. 게다가 친절이 기본이 된 세상에 친절만으론 딱 기본만 해낼 수 있다. 마케팅도 마찬가지다. 남들 다 하는 평범한 마케팅, 조금 내어주고 많이 얻으려는 좀스러운 마케팅은 돈과 시간만 낭비할 뿐 바라던 성과를 얻기엔 역부족이다.

기왕 시간과 돈을 들여 마케팅하는 것이니 남들보다 더 이색적이고 과감해야 한다. 특히 이제 막 오픈한 매장을 사람들에게 알리는 것이 목적이라면 관심과 재미를 넘어 고객이 실질적인 이득을 얻을 수 있는 마케팅을 진행하는 것이 좋다. 눈과 귀가 즐거운 것도 좋지만 기왕이면 양손에 공짜 선물이 가득 쥐어진다면 제품과 서비스가 나쁘지 않은 이상 고객은 그 집을 기억하고 다시 찾게 된다.

호텔 뷔페나 패밀리 레스토랑 중에서는 손님이 몰리는 시간대에 좌석이 나기를 기다리는 손님을 위해 '웨이팅 푸드 서비스'를 하는 곳이 있다. 손님들이 자신의 차례를 기다리는 동안 생수나 음료, 심지어 간단한 요리를 미리 내어주는 것이다. 지루하고 불편할 수 있는 시간이 공짜 음료와 음식 덕분에 오히려 좋은 기억으로 남게 된다.

덤이나 공짜 서비스를 받고 싫어할 고객은 아무도 없다. 특히 음식 장사의 경우, 맛에 자신이 있다면 일단 맛보게 해야 한다. 더군다나 이제 막 개업한 점포라면 무조건 사람들이 우리 가게로 들어와 우리의 제품과 서비스를 경험하도록 하는 것이 중요하다. 이때는 재료비나 인건비 등의 원가를 따지며 손익을 계산해서는 안 된다. 덤이나 공짜 서비스는 미래를 위한 투자라고 생각하고, 과감하고 시원시원하게 진행하는 것이 결국 고객도 얻고 돈도 더 많이 버는 길이다. 주는 것이 결국엔 남는 것이니 아까워 말고 무조건 더 많이 퍼주고 더 시원하게 서비스해보자. 앞으로는 밑지는 듯한데 뒤로는 쉴 새 없이 돈이 쌓이는 신기한 경험을 하게 될 것이다.

- 개업 이벤트는 마케팅이지 장사가 아니다. 남길 생각은 하지 마라.
- 퍼주는 것이 결국엔 남는 것이다.
- 덤이나 공짜 서비스를 받고 싫어할 고객은 아무도 없다.

한 편의 영화 같은 재미와 감동을 선물하라

#이케아동선 #감동의시나리오 #백화점엘리베이터

 백화점의 상·하향 엘리베이터는 왜 반대 방향에 있을까? 층을 잘못 올라와서 다시 내려가려면 해당 층의 매장을 반 바퀴나 돌아서 다시 내려가야 한다. 귀찮기도 하고 시간도 소요되나 이상하게도 고객은 별달리 불평하지 않는다. 심지어 반 바퀴를 도는 동안 마음이 변해 계획에도 없는 충동구매를 하기도 한다. 백화점이 파놓은 함정에 빠진 것이다.

 백화점이나 대형 쇼핑몰은 고객의 합리적이고 이성적인 쇼핑을 방해하고 충동구매를 유도하기 위해 엘리베이터의 방향 외에도 다양한 꼼수를 부린다. 고객은 알면서도 속고 모르고도 속지만, 결국 메모지에 적힌 쇼핑품목만을 살 때보다 더 큰 만족감을 느낀다. 도대체 그들은 어떤 꼼수를 부리기에 고객은 충동구매를 하고도 더 큰 만족감을 느끼는 것일까?

이케아의 고객여정지도는 대표적인 사례이다. 물론, 이케아처럼 크고 웅장하게 만들기는 쉽지 않다. 다만, 내 매장에서도 고객이 느낄 수 있는 차별화된 감동을 느끼도록 설계하자.

    오프라인 매장의 경우엔 고객의 동선을 전략적으로 설정함으로써 더 많은 물품구매와 더 큰 즐거움을 선물하고 있다. 그 대표적인 기업이 '이케아'이다. 이케아는 합리적인 가격의 홈퍼니싱 제품을 판매하는 기업으로 유명하다. 소비자가 가구를 직접 조립하게 함으로써 유통 및 물류의 비용을 절감한 덕분이다. 그런데 고객이 이케아를 선택하는 것이 단지 합리적인 가격 때문일까? 실제 이케아 매장을 방문한 고객은 실용적이고 저렴한 제품을 구매하겠다던 애초의 계획이 무시된 충동구매의 경험을 하는 아이러니한 현상이 벌어진다. 이케아가 매장 곳곳에 숨겨둔 재미와 감동 전략에 넘어간 것이다.

"입장부터 퇴장까지, 감동의 시나리오를 준비하라"

　이케아 오프라인 매장에 처음 방문한 고객은 그 웅장함에 감동한다. 실제 우리나라의 광명점의 경우엔 축구장 8배에 달하는 25만 6천㎡로 세계 최대 규모를 자랑한다. 덕분에 입구에 들어서기 전부터 감탄사가 터져 나오는데, 과연 저 안에서 무엇을 보고 어떤 경험을 하게 될지 기대되기 때문이다.

　앞서 말했듯이 이케아에선 고객의 동선이 직선형으로 미리 세팅되어 있다. 가장 먼저 보게 되는 것은 이케아 제품들로 꾸며진 쇼룸이다. 나라별 정서와 특징, 개인의 다양한 취향까지 반영한 쇼룸은 구경하는 재미는 물론 우리집을 이렇게 꾸미는 것은 어떨까 하는 상상까지 해보게 한다. 쇼룸을 지나면 주제별 가구가 진열된 곳을 지나게 되고, 이후 홈퍼니싱 액세서리, 조립이 필요한 가구나 소품을 구매하는 셀프 서브를 지나 계산대까지 이르게 된다.

　필요한 부분만 둘러볼 수 있는 백화점이나 여느 대형 쇼핑몰과는 달리 이케아는 입구부터 출구까지 일직선으로 쭉 걸어가야 한다. 다소 불편해 보이는 이런 직선형 동선을 고집하는 것은 "지금 눈에 보이는 그것을 장바구니에 담지 않으면 다시 처음부터 되돌아와야 한다"라는 압박감을 주어 충동구매를 유도하려는 의도가 숨어 있다. 물론 이 전략은 이미 이케아 오프라인 매장을 경험한 고객이라면 누구나 알고 있는 것이고, 여러 번 경험하다 보면 오히려 익숙하고 쇼핑의 몰입도가 높아진다.

　이케아는 직선형 동선의 곳곳에 세심한 배려를 준비해두어 고객에게 깨알 같은 감동을 선물한다. 예를 들면, 옷장, 주방, 싱크 조리대 등 공간 및 주제별 제품 카달로그는 물론이고 매장 곳곳에 종이와 연필을 비치해 구매목록을 메모할 수 있게 돕고, 줄자도 두어 가구의 크기를 측정할 수 있도록 돕는다. 그뿐만 아니다. 아이와 함께 쇼핑하는 고객을 위해 키즈카페를 운영하고, 매장 내에서 오랜 쇼핑에 지루해할 아이를 달랠 수 있도록 중간중간 인형을 판매하는 완구코너도 만들어두었다. 또 계산을 마치고 나오면 식료품 마트가 있어서 별도로 식료품 마트를 들릴 필요가 없도록 해두었다.

더 오래 매장에 머물게 하여 더 많은 것을 구매하게 하려는 이케아의 전략은 큰 효과를 발휘하고 있다. 특히 매장에 머무르는 동안 제품을 넘어 브랜드를 경험할 수 있도록 고객의 동선을 설계하고, 곳곳에 섬세한 배려와 감동을 심어둔 덕분에 고객은 마치 흥미진진하고 감동적인 영화를 보는 듯한 만족감까지 느낀다. 실제로 고객들 사이엔 "이케아에 갈 땐 지갑 외에도 스테미너까지 챙겨가야 한다."라는 우스갯소리가 돌고, 심지어 본격적인 쇼핑이 시작되기 전에 이케아 레스토랑에서 든든히 배부터 채우는 경우도 많다.

이케아의 사례처럼 소상공인이 창업할 때도 고객이 내 점포에 입장할 때부터 퇴장할 때까지 만족과 감동을 줄 시나리오를 준비해야 한다. 단순히 매장에 들어와서 대충 둘러보곤 물건이나 서비스를 구매하고 나가는 것이 아닌, 고객이 쇼핑하며 상품과 서비스, 인테리어 등에서 매 순간 기대와 감동을 할 스토리가 준비돼 있어야 한다.

"특별한 감동 코디"

경기도의 소도시에서 헤어샵을 하는 N은 자신의 매장을 찾는 고객들이 더 큰 만족감을 느낄 수 있도록 다양한 준비를 해두었다. 20년 넘는 경력의 헤어디자이너답게 실력과 친절함은 기본이다. 또 매장도 주택 단지가 밀집한 소규모 상권에 있음에도 시내 번화가 못지않게 넓고 인테리어도 잘 되어 있다. 물론 요즘과 같은 경쟁 시대에 이 정도는 기본 중의 기본이라 그리 특별할 것은 없다.

N의 매장에서 서비스를 경험하는 고객들이 무척 흥미롭고 감동하는 포인트는 따로 있다. N은 널찍한 매장 공간의 절반 정도를 고객들을 위한 서비스 공간으로 꾸며놓았는데, 우선 차례를 기다리는 고객을 위해 편안한 독서공간을 꾸며놓고, 창가 자리는 바깥 풍경을 즐기며 차나 음료를 마실 수 있도록 만들어두었다. 또 헤어샵 한쪽 벽면에는 편의점을 그대로 옮겨놓은 듯한 간식코너도 만들어두었다. 다양한 종류의 과자와 라면, 음료가 진열돼 있고, 아이스크림 냉동고 안에는 아이스크림이 종류별로 그득하게 들어있다. 고객뿐만 아니라 동행자, 심지어 택배기사까지 그의 헤어샵에 온 사람이라면 누구든 마음껏 먹을 수 있다. 게다가 다양한 종류의 차와 커피는 물론이고 토스트기와 함께 식빵과 잼도 준비돼 있어서 고객이 직접 구워서 취향껏 잼을 발라 먹는 재미까지 선물한다. 덕분에 예약시간보다 조금 일찍 도착하거나 펌을 하는 중간에 약제 처리를 위해 기다려야 하는 시간에도 고객은 지루함은커녕 즐거운 마음으로 재충전할 수 있다.

여기까지가 모든 고객을 위한 N의 통 큰 서비스라면 단골을 위한 프리미엄 서비스도 따로 있다. 단골 할인은 기본이며 평소 요리를 즐기는 N은 밑반찬을 만들 때면 단골들에게 줄 것도 늘 따로 챙기고, 수정과나 식혜와 같은 음료를 직접 만들어 선물하기도 한다. 시간과 정성이 담긴 서비스인만큼 고객들은 만족을 넘어 진한 감동까지 느낀다.

너나없이 시장에 뛰어들고, 경쟁이 치열해진 만큼 제품력만 좋으면 되던 시대는 끝났다. 상냥하고 친절한 서비스, 멋지고 세련된 인테리어도 이젠 기본이 됐다. 한 번 왔던 고객이 다시 재방문하고, 단골이 되기까지는 그 점포에서만 느낄 수 있는 특별한 감동 코드가 있어야 한다. 그리고 그 감동은 고객이 그 매장에 머무르는 동안 수시로, 그리고 기승전결을 가지고 전해져야 한다. 그래야 마지막에 고객이 점포를 나오며 "와! 여기 진짜 감동이다!"라며 다음에 다시 꼭 오고 싶다는 생각을 하게 된다. 백화점이나 이케아와 같은 대형 꼼수까지는 아니더라도 고객에게 재미와 감동을 주는 잔잔한 마케팅 포인트는 꼭 준비해두어야 한다.

 **Key Point!**

- ☐ 입장부터 퇴장까지, 한순간도 방심할 수 없는 흥미로운 시나리오를 준비하라.
- ☐ 꼭 다시 오고 싶은 재미와 감동을 선물하라.

비대면 세상 속 그리운 대면 감성을 잡아라!

#비대면세상 #기계속인간감성

  2020년, 코로나19 바이러스가 온 세계를 공포 속으로 몰아넣었다. 바이러스의 공포는 함께하는 사람들에 대한 공포로 이어졌고, 만남과 외출을 자제하며 사람과 사람 사이에 '거리두기'가 행해졌다. 한 공간에서 일하는 동료들 사이에서도 마스크 없이는 대화를 나누는 것조차 꺼렸고, 떨어져 사는 가족들끼리는 명절에도 한집에 모이는 것이 어려워졌다. 생존을 위한 어쩔 수 없는 선택인 만큼 우리는 이러한 변화에 순응하며 점점 비대면 사회에 익숙해져 갔다.

  코로나19 바이러스는 사람들을 직접 대면하고 접촉하며 상품과 서비스를 제공하는 자영업자에게 직격탄을 날렸다. 살기 위해 친구와 동료, 심지어 가족들 간의 만남조차 꺼리는 분위기에서 상품과 서비스를 구매하기 위해 거리에 나올 수는 없는 일이다. 생필품과 음식을 배달시키는 것은 물론이고 재택근무, 온라인 수업 등 최대한 많은 것을 비대면, 비접촉으로 해결한다. 이런 변화에 소상공인들은 처음에는 당황하는 듯했으나 신속히 배달과 포장, 무인판매, 온라인 서비스 등을 준비하며 살길을 모색했다. 이미 대세가 된 변화를 거스를 수 없다는 것을 알기 때문이다. 게다가 이는 단지 코로나19의 영향만은 아니었다. 이미 우리 사회는 인터넷과 플랫폼, 인공지능 등 과학기술을 활용한 언택트 문화가 시작되고 있었다.

  온라인 쇼핑이 활발해진 데다 오프라인에서도 비대면 주문과 결제가 선을 보였다. 대형 프랜차이즈를 중심으로 무인주문 및 결제 시스템인 키오스크가 등장하고, 로봇이 음식을 서빙하고 배달하기도 한다. 그뿐만 아니다. 24시간 무인으로 운영되는 편의점도 등장했다. 인건비 절감을 위한 변화였으나 코로나 사태로 이는 당연한 듯이 급속하게 우리 삶으로 들어왔다. 게다가 코로나 사태가 종식된다고 해도 이전과 같은 인간미 넘치는 접촉의 시대는 기대하기 힘들다. 제2, 제3의 코로나가 두렵기도 하거니와 이미 플랫폼과 인공지능, 초연결 등 디지털 혁신이 우리 삶에 깊숙이 들어왔기 때문이다.

"비대면 세상의 대면 감성"

  그렇다면 이러한 변화의 물결 속에서 창업하는 이들은 어떤 준비를 해야 할까? 기계로 주문하고 결제하며, 배달과 서빙조차 사람이 아닌 기계가 전담하게 된다면 창업자가 준비할 '내 서비스의 차별화 포인트'는 과연 무엇일까? 그 해답 중 하나로, 비대면 서비스 속에서도 대면 서비스의 만족감이 느껴지는 것을 들 수 있다. 비록 현실은 비대면, 비접촉으로 이루어지나 그 감성만큼은 따뜻한 인간미와 정성이 물씬 느껴지도록 서비스하는 것이다.

50대 초반의 여성 R은 몇 년 전에 강남의 핫플레이스에서 키즈카페를 창업했다. 30여 년을 세무사 사무실에서 회계업무를 담당해서 세법에 능통하고, 많은 업체의 기장 업무를 진행하다 보니 개인사업자의 특성 또한 잘 파악하고 있었다.

　R은 인생의 멋진 후반전을 꿈꾸며 창업한 만큼 키즈카페에 남다른 애정과 열정을 쏟았다. 매장운영과 고객 서비스에 정성을 다하는 것은 물론이고 다양한 아이디어를 접목하며 키즈카페를 성장시켜나갔다. 특히 코스트코처럼 회원제로 키즈카페를 운영하며, 회원들에게 자부심을 심어주려 노력했다.

　R이 주목한 것이 따뜻한 인간미와 정성이 느껴지는 감성적 접촉이다. 매장 계정의 카카오톡을 운영하며 꾸준하고 섬세하게 고객들과 소통하고, 주변의 맛집이나 새로 개업한 곳, 아이와 함께 들러보면 좋을 여행지 등 엄마들이 필요로 할 다양한 정보들을 정기적으로 제공했다. 게다가 인터넷 검색이나 입소문이 아닌 직접 본인이 경험하며 검증한 곳들만 소개하니 이 또한 소통의 매개체가 되었다.

　간간이 올려주는 할인쿠폰이나 매장홍보는 고객들에겐 그저 덤에 지나지 않았다. 다양한 정보와 인간미 넘치는 대화들 덕분에 R이 운영하는 키즈카페의 카카오톡은 지역 엄마들의 따뜻한 소통 창구로 자리 잡았고, 신뢰감 또한 커졌다.

　나는 R의 따뜻한 감성이 고객에게 더 깊이 전해질 수 있도록 마케팅의 온도를 한껏 높여보자고 했다. 그중 하나가 식사 메뉴의 이름을 정감있게 바꾸는 것이었다. 식사나 음료의 주문에 무인주문 및 결제 기구인 키오스크를 활용하고 있었는데, 나는 그 안에 따뜻하고 섬세한 인간의 마음을 담아보자고 했다. 그 결과, 대부분의 키즈카페에서 식사 메뉴를 새우볶음밥, 돈까스, 크림 스파게티, 주먹밥 등등 흔한 메뉴명으로 제공하지만 R의 키즈카페는 그 안에 디테일

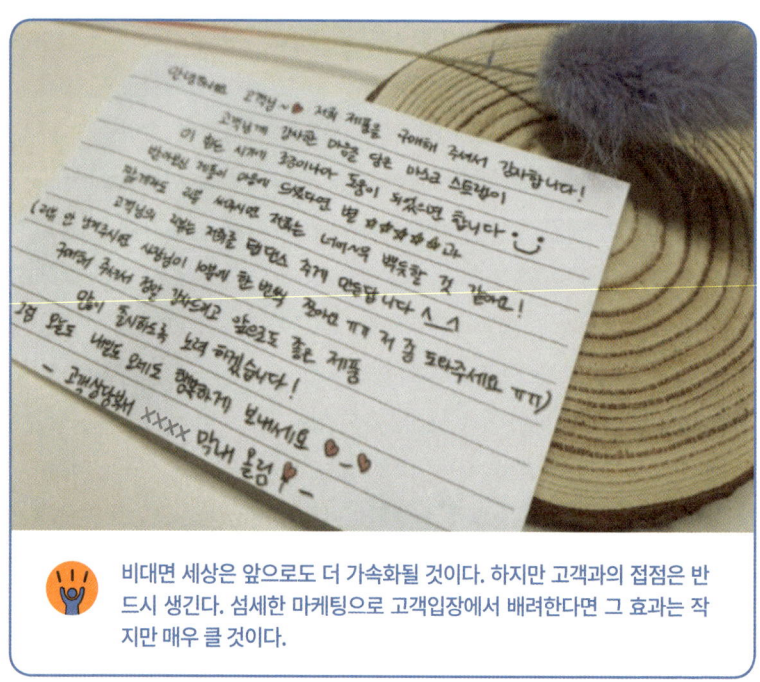

> 비대면 세상은 앞으로도 더 가속화될 것이다. 하지만 고객과의 접점은 반드시 생긴다. 섬세한 마케팅으로 고객입장에서 배려한다면 그 효과는 작지만 매우 클 것이다.

을 담았다. 각 메뉴에 '밥 많이 먹어요~', '싱겁게 먹일래요~', '매운 거 잘 못 먹어요~', '요구르트 하나만♡', "채소 듬뿍!" 등과 같이 엄마들의 감성에 맞춰서 추가옵션을 넣을 수 있도록 했다. 비용도 노력도 그다지 많이 들지 않는, 그저 조금의 섬세함과 따뜻한 감성만 있으면 가능한 메뉴들이었다.

  대다수의 키즈카페가 낮은 이용료 전략으로 고객을 유혹하고, 음식이나 음료를 판매해 수익을 보완한다. 이때 음식의 원가나 인건비, 조리 시간을 줄이기 위해 냉동식품을 활용하는 것이 보통인데, 요리가 일상인 주부들이 이를 모를 리 없다. 그럼에도 별다른 선택지가 없으니 울며 겨자 먹기로 이용한다. R의 키즈카페는 SNS 소통을 통해 나와 내 아이를 특별하게 대해주는 감성적인 공감은 물론이고 엄마의 불편한 마음을 콕 꼬집기라도 하듯이 내 아이의 입맛에 맞게 음식까지 직접 조리해준다. 그러니 더 나은 대안이 생기지 않는 한 이곳의 충성고객이 될 수밖에 없다.

"디지털에도 온기를"

고객들은 무리한 것을 바라지 않는다. 상식의 기준 안에서 그저 조금의 배려와 정성을 원할 뿐이다. 이러한 인간적인 감성과 섬세함이 디지털에도 온기를 느끼게 해주고, 수많은 키즈카페 중에 '그것'을 선택해야 하는 중요한 매력점으로 작용한다. 게다가 이 만족감은 나만의 것으로 머물지 않는다. 내 아이와 함께 노는 친구들, 나와 친한 이웃들에게 적극적으로 추천하며 새로운 고객을 유입해준다. 이 과정은 높은 마케팅 비용을 지출하고도 거두기 힘든 성과인데, R은 진정성 있는 감성 마케팅 덕분에 돈 한 푼 들이지 않고 바라던 성과를 거두었다.

나는 R의 키즈카페에서 제공하는 포인트 마일리지도 그룹으로 묶어 제공할 것을 제안했다. 아이나 엄마의 이름으로 포인트를 개별적으로 적립을 해주던 기존의 방식을 버리고 학급별, 아파트별, ♡♡친구들 등의 단체성을 띤 이름으로 무리를 지어 적립해주는 것이다. 예컨대 '강남초 1학년 3반'으로 포인트를 적립할 이름을 지정해두면, 개인으로든 단체로든 키즈카페를 이용할 때 이 이름으로 적립할 수 있다. 마일리지 사용은 단체로 활용할 수 있는데, 키즈카페 특성상 아주 유용하고 매력적인 제도였다. 단체 마일리지는 흩어진 개개인을 단체로 묶어주는 효과가 있기 때문이다.

키즈카페를 찾는 엄마들은 내 아이가 혼자 놀기보다는 친구들과 적극적으로 어울리며 놀기를 바라는데, 이처럼 마일리지를 그룹화하면 소속감도 커지고 친밀감도 더욱 커졌다. 게다가 마일리지가 많이 쌓이면 그룹이 함께 모여 그것을 어떻게 활용할지 의논하는 것도 재미있다. 과거 대학가 주변의 매장들이 학과나 동아리 등으로 마일리지를 묶어서 적립해주고, 회사 주변의 매장들이 특정 부서나 동호회 등으로 마일리지를 묶어서 적립해주었는데 무척 인기가 좋았다. 이것을 키즈카페에도 적용하니 예상대로 호응이 좋았다. 이러한 다소 이색적이면서도 섬세한 아이디어들이 뭉쳐 R의 키즈카페는 인근의 경쟁업체들 사이에서 단연 독보적인 존재가 되었다.

환한 미소로 고객을 반기고 친절하게 서비스하던 직원들이 사라지고 기계가 주문을 받고 결제를 하며 서빙을 하는 세상이 되면 각 매장의 서비스에는 차별점이 줄어들게 된다. 이러한 변화 속에서 내 매장만의 매력점을 만들고 차별점을 만들기 위해서는 기계가 대신할 수 없는, 인간만의 장점을 더욱 부각해야 한다.

주위의 많은 점포 중에 유독 친근하게 느껴지고 더 자주 가고 싶은 곳이 있다면, 아마도 정겨운 말투나 친근한 서비스, 섬세한 배려심이 그 이유였을 것이다. 세상이 바뀌어도 이러한 근원적인 욕구는 바뀌지 않는다. 기술의 발달로 언택트, 온택트 세상이 되어도 그 안에는 사람의 마음이 담겨야 한다. 사람을 마주하지 않아도 따뜻함을 느낄 수 있는 섬세함! 그것이 비대면 세상의 창업에서 가장 중요한 키 포인트가 아닐까.

Key Point!

- ☐ 인간적인 감성과 섬세함으로 디지털에 온기를 불어넣어라.
- ☐ 기계가 대신할 수 없는, 인간만의 장점을 더욱 부각하라.

뜨거운 창업전략_
열정의 온도를 올려라

워라밸은 넣어두고 교토삼굴(狡兎三窟)부터 준비하라

#부업 #서브잡 #매일꾸준히 #프로N잡러

  교토삼굴(狡兎三窟)이라는 말이 있다. 지혜로운 토끼는 굴 안에 3개의 출구를 만들어두어 위기의 상황에 언제든 영민하게 피한다는 의미이다. 사업에도 이러한 교훈을 적용할 필요가 있다. 즉 본업에 충실하되 변화와 위기, 성장을 위한 준비로 늘 또 다른 대비책을 마련해두어야 한다.

  소상공인들에게 거대한 영웅과도 같은 건실한 대기업들도 위기의 상황을 극복하기 위해, 혹은 지속적인 성장을 위해 신사업 진출을 통한 수익다변화를 꾀하고 있다. 수익이 창출될 다양한 창구를 만들어 상호 보완 및 시너지 효과를 창출하기 위해서다.

  불과 몇 년 전만 해도 네이버는 자타공인의 국내 최고 검색포털기업이었다. 그런데 구글의 위협으로 검색 사업의 매출이 급격하게 하락하자 커머스, 핀테크, 클라우드, 콘텐츠 등 신사업을 점차 확장

 프로 N잡러의 길은 항상 열려있다. 나의 장점을 활용할 수 있는 방향을 선택하여 서브 비즈니스를 설계하자

해가고 있다. 이런 여러 개의 굴을 마련함으로써 네이버는 재도약의 기회를 잡은 것은 물론이고 글로벌 무대까지 바라볼 수 있게 되었다.

그뿐만 아니다. 대표적인 대형건설사인 GS건설 역시 본업인 건설에서의 안정적인 성과에 안주하지 않고, 미래성장 동력의 확보를 위해 국내외에서 부동산 투자사업, 국내외 민관합작투자사업PPP 개발 등 투자개발형 사업을 확대해 가고 있다. 또 장기적이고 안정적인 수익추구를 위해 도로와 철도 운영 등의 인프라 운영사업과 국내 전력 및 환경 관련 사업의 운영에도 참여하고 있다.

군이 본업과 연결된 사업이 아니더라도 전혀 다른 분야에서 출구를 찾고 좋은 성과를 거두는 기업도 있다. 국내 중견 건설사인 서희건설이 그 대표적인 예이다. 정부의 규제 강화 및 주택시장위축 등 어려운 경영환경에도 불구하고 본업인 건설업에서 꾸준히 좋은 실적을 거두고 있는 서희건설은 본업의 수익 중 여유자금을 주식에 투자해 상당한 성과를 거두고 있다.

현재의 안정적인 수익이 영원할 것이란 기대만큼 어리석은 것은 없다. 시장은 끊임없이 새로운 경쟁자가 출몰하고 트렌드의 변화에 따라 소비자의 마음도 냉정하게 옮겨간다. 이런 변화무쌍하고 냉철한 시장환경에 소상공인들은 대기업보다 더 기민하고 영민하게 대처해야 한다. 즉, 위기를 타파하고 성장을 이끌 서브 비즈니스를 적극적으로 만들어내야 한다.

"프로 N잡러가 되라"

언제부턴가 우리 사회는 '워라밸', '저녁이 있는 삶' 등 삶의 질적인 부분을 중요하게 생각하는 목소리가 커지고 있다. 일을 통해 돈을 벌고 목표를 성취하고 꿈을 이루는 것도 중요하지만 그 과정 또한 건강하고 행복하기를 바라는 마음에서다. 그런데 삶의 질은 삶의 기본적인 양, 즉 경제적인 안정이 뒷받침될 때라야 비로소 진정한 의미를 찾을 수 있다. 통장이 텅장을 넘어 마이너스로 향하며 가정 경제에 적신호가 울리는데 워라밸을 위해 취미 활동을 하고 여행을 즐길 순 없지 않은가.

통계청의 발표에 따르면 지난 2021년 자영업자를 비롯한 투잡 인구가 역대 최대치를 기록했다고 한다. 코로나 사태로 인한 생업의 위기와 소득 감소가 큰 이유일 것이다. 게다가 비단 코로나 사태로 인한 가정 경제의 위기가 아니더라도 현대 사회에선 본업과 부업을 겸하는 투잡을 넘어 여러 가지 일을 해서 돈을 버는 N잡러가 꾸준히 늘어나고 있다. 더 많은 돈을 버는 것이 목적일 수도 있고, 다양한 시도와 경험을 통해 삶의 큰 그림을 완성하는 과정일 수도 있다. 그게 무엇이든, 나는 그들의 도전과 열정을 응원한다.

30대 초반의 K는 변리사라는 본업 외에도 여러 개의 서브 잡을 가지고 있다. 본업에서의 수입만으로도 안정적인 삶이 가능했으나 K는 현재에 안주하지 않고 다양한 실험과 도전을 통해 더 나은 미래를 만들어 갔다. 그중 하나가 밀키트 사업이다. K는 소문난 맛집이 있으면 그 집에 여러 번 찾아가 맛을 직접 확인한 후 대표에게 밀키트 제품을 판매하자고 제안한다. 즉 해당 음식점에서 음식을 공급받고, 제품의 포장이나 디자인 등 기술이 필요한 부분은 외주업체를 연결해 밀키트 제품을 완성한다. 그리고 자신이 직접 그 제품들을 쿠팡이나 네이버 쇼핑 등 이커머스 플랫폼에 올려 판매하고 음식점과 수익을 나누는 것이다.

K는 요식업 외에도 다양한 분야에서 이러한 시도를 했다. 제품생산과 관련한 중요한 업무들을 모두 외주업체를 연결하여 해결하니 생산시설이나 재고의 부담이 없기 때문이다. 그중엔 성공한 것도 있고 더러는 실패하기도 했는데, 이런 경험들이 축적되면서 점점 더 노하우가 쌓여갔다. 덕분에 현재 K는 5가지의 서브 잡을 가지고 있고, 한 곳에서 최소 150만 원 이상의 안정적인 수입을 얻고 있다.

K처럼 스마트한 프로 N잡러가 되려면 본인이 직접 제품과 서비스를 생산하기보다는 외주업체를 활용하며 플랫폼 역할을 하는 것이 핵심이다. 이때 전문 외주 플랫폼을 통해서 적절한 외주 금액을 잘 분석하고, 단가 대비 퀄리티가 높은 곳을 선정해 계속 유대관계를 맺는 것이 중요하다.

또 이것저것 시작만 해놓고 이렇다 할 결실을 거두지 못하는 상황이 되지 않으려면 업무의 원칙을 정하고 반드시 지켜야 한다. K의 경우, 일주일 중에 월·수·금요일은 직접 발로 뛰면서 활발하게 일을 만들고, 화요일과 목요일은 사무적인 업무를 보면서 일을 관리하는 날로 정해두었다. 그래서 거래처와 활발하게 교류하는 월·수·금요일에는 사적인 연락도 거의 하지 않는다.

 단순한 부업을 넘어 프로 N잡러로 성공하기 위해서는 세상을 보는 눈을 넓히고 다양한 실험을 하는 것이 중요하다. K를 비롯해 주위의 여러 N잡러의 도전과 성패를 지켜본 결과, 대부분 N이라는 변수에 N승의 시도를 했을 때 비로소 바라던 성공과 만났다. 만약 3가지의 서브 잡을 가진다고 목표한다면 각각에 최소 3가지씩의 시도를 해보는 것이다. 다양한 업종에서, 다양한 시도들을 해봐야지만 내게 가장 잘 맞는 것을 찾을 수 있고, 성공의 가능성도 커지기 때문이다.

"서브 비즈니스, 리스크 최소화가 핵심"

 직장인이나 소상공인이 서브 비즈니스를 준비할 때 반드시 염두에 두어야 할 점이 있다. 바로 리스크를 최소화하는 창업이어야 한다는 것이다. 시간과 돈이 많이 들어가면 자칫 주객전도의 상황이 벌어져 본업에까지 영향을 미칠 수 있기에 K처럼 외주업체를 활용해 최소한의 자본으로 창업거나, 아예 자본을 투입하지 않고 최소한의 시간만으로 할 수 있는 일을 찾아야 한다.

 돈을 들이지 않고 할 수 있는 창업이 뭐가 있겠는가 의아하겠지만 찾아보면 의외로 많다. 오프라인에서는 본업이든 부업이든 돈을 벌기 위해서는 가게를 얻고 물건을 매입하는 등 기본적으로 투자되어야 하는 돈의 규모가 큰 편이다. 말 그대로 돈이 돈을 버는 형태이다. 그런데 이젠 세상이 달라졌다. 디지털 기술의 발달로 다양한 사업이 온라인 세상에서 펼쳐지고 있다. 게다가 소규모 창업자인 개인은 대기업이 만들어놓은 플랫폼을 활용하여 최소한의 자본만으로, 혹은 돈을 아예 들이지 않고도 수익을 창출할 수 있게 되었다.

돈을 아예 들이지 않고 할 수 있는 비즈니스의 대표적인 예로 유튜버나 쿠팡 파트너스 활동, 위탁판매를 들 수 있다. 유튜브에 나의 채널을 개설하고 꾸준히 콘텐츠를 올려 일정 수준의 구독자와 시청시간이 충족되면 그때부터 광고게재를 통한 수익을 올릴 수 있다. 창의적인 콘텐츠와 꾸준함만 있다면 누구나 도전할 수 있는 무자본 비즈니스이다. 쿠팡 파트너스 역시 돈 한 푼 들이지 않고 수익을 올릴 수 있는 대표적인 무자본 비즈니스이다. 블로그나 인스타그램 등 본인이 운영하는 디지털 매체에 쿠팡이 제공하는 상품의 광고를 걸고 실제 구매까지 이어지면 일정 비율의 수익을 추구할 수 있다. 개중에는 자신의 유튜브 채널에 쿠팡 파트너스 활동을 하면서 이중의 수익을 창출하는 이들도 있다.

네이버나 쿠팡 등의 이커머스 플랫폼에서 물건을 판매할 때도 업체에서 바로 배송되는 위탁판매를 하면 돈을 들이지 않고도 얼마든지 창업할 수 있다. 네이버의 스마트스토어만 하더라도 개설과 상품등록에 필요한 별도의 수수료가 없으며, 매출 연동수수료와 결제수수료만 2%가량 내면 된다. 즉, 판매가 되지 않으면 돈을 내지 않아도 되니 매출과 무관하게 꼬박꼬박 월세를 내야 하는 오프라인 상가 입점보다 고정지출 부분에서도 훨씬 유리하다. 온라인 판매를 시작한 초창기엔 기대만큼 수익이 크지 않을 수 있다. 그러나 좋은 제품을 좀 더 저렴한 가격에 판매한다면 단골도 생기고 입소문도 나면서 수익이 점점 늘게 된다.

직장인과 오프라인 창업자에게 디지털 공간에서의 비즈니스는 다소 낯설고 두려울 수 있다. 그런데 디지털 세상은 거부할 수 없는 거대한 물결인 만큼 더 늦기 전에 용기 내어 성큼 올라타야 한다. 큰 욕심을 부리지 않고 하나씩 알아간다는 마음으로 차근차근 접하다 보면 생각보다 어렵지 않다는 것을 알게 된다.

거대 기업이 만들어놓은 플랫폼을 사용료도 없이 마음껏 활용하면서 양질의 상품들을 위탁으로 공급받아서 영업과 판매로 수익을 올리니 손도 안 대고 코를 푸는 격이다. 처음 한두 번은 실패할 수도 있으나 투자금이 거의 없거나 소액인 만큼 경험을 통한 배움에서 그 의미를 찾고 다음의 도전을 이어가면 된다. 잃는 것이 거의 없는, 얻는 것만 있는 스마트한 온라인 비즈니스는 디지털 시대에 가장 이상적인 투잡일 것이다. 단, 재미로 하는 취미 활동이 아닌 만큼 성공을 목표로 해야 하고, 그만큼의 많은 공부와 노력이 뒤따라주어야 한다.

- ☐ 서브 비즈니스는 선택이 아닌 필수다. 잘나갈 때 위기를 대비하라.
- ☐ 서브 비즈니스는 리스크를 최소화하는 것이 핵심이다.
- ☐ 서브 비즈니스도 업무의 원칙을 정하고 잘 지켜야만 프로 N잡러가 될 수 있다.

외식 창업, 미쳐야 미친다

#화성남자금성여자 #불광불급(不狂不及) #사랑해야성공한다

　오래전 심리학자 존 그레이의 저서 《화성에서 온 남자 금성에서 온 여자》를 읽으며 연신 고개를 끄덕였던 기억이 있다. 상대를 향한 사랑의 깊이와는 별개로 남자와 여자는 종종 다투기도 하고 서운해하기도 하며, 심지어 깊은 갈등을 겪다가 끝내 결별하기도 한다. 상대가 나와 다르다는 것을 알지 못한 채 무작정 나의 기준과 방식으로 사랑을 전하고 해석하기 때문이다.

　예비 창업가들을 컨설팅하며 나는 종종 이 책을 떠올린다. 사랑은 상대를 향한 끝없는 탐구와 노력이 필요하듯이 나의 업에서 성공하기 위해서도 끝없는 정성과 열정이 요구된다. 특히 외식업의 경우 더 그렇다. 그 어떤 업종보다도 업에 대한 분명한 철학과 깊은 애정이 필요하다. 그럼에도 더러는 "왜 외식창업을 하려고 하느냐?"는 질문에 "별달리 할 게 없어서", "열심히만 하면 잘될 것 같아서",

"먹는 장사이니 굶지는 않을 것 같아서"와 같이 타 업종보다 더 만만하게 생각하고 접근하는 분들도 있다. 그분들이 과연 창업 후에 바라던 성공을 거두었을까?

불광불급不狂不及. '미치지 않으면 도달할 수 없다'라는 이 말은 외식업에 딱 들어맞는 말이다. 외식업은 희망자가 많은 만큼 실제 창업자도 많고, 시장의 경쟁도 치열하다. 그리고 경쟁에서 밀려난 창업자들이 두 손을 들고 폐업을 선언하는 일도 많다. 2016년에 발표한 통계청의 자료에 따르면 창업 후 10년이 지나면 외식업체 10개 중에 8~9개가 폐업하고 한두 곳만이 살아남는다고 한다. 게다가 2020년 이후 코로나 사태를 지나며 사회적 거리두기 등의 여파로 외식업의 폐업률은 더 높아진 상황이다.

타 산업 대비 높은 폐업률에도 불구하고 매년 외식창업자는 늘고 있으니, 그 속에서 살아남고 마침내 성공하려면 스스로 미쳤다는 생각이 들 정도로 그 업에 파고들어야 한다. 2020년 벼룩시장 구인구직이 직장인 2,013명을 대상으로 '창업'에 대한 설문조사를 했다. 응답자의 70.1%가 '향후 창업에 도전할 의향이 있다'라고 답했고, 이들 중 40% 가까이가 카페 및 치킨집 등의 프랜차이즈(19.9%)와 음식점, 푸드트럭 등 외식업(18.2%)에 관심을 보였다.

설문조사의 결과에서도 알 수 있듯이 우리나라에서 예비창업자들이 가장 선호하는 업종이 바로 식음료를 만들고 판매하는 외식업이다. 실제로 현장에서 창업컨설팅을 할 때도 외식창업과 관련한 의뢰가 가장 많다. 더군다나 코로나 사태로 외식업이 큰 위기를 겪는 상황에서도 외식창업의 열기는 여전했다.

외식창업에서 가장 중요한 것 중 하나가 아이템 선정이다. 보통은 본인이 제일 좋아하는 음식이나 대중적인 인기가 높은 음식을 주력 메뉴로 잡는다. 물론 이 둘이 겹치면 더없이 좋다. 예컨대 국민

메뉴라 할 정도로 인기가 높은 치킨의 경우, 창업자가 매일 1일 1닭을 할 정도로 치킨을 좋아하는 사람일 경우 성공의 확률이 조금 더 커진다. 그런데 많은 사람이 좋아하는 음식이란 이유로 인기에 편승하려거나 내가 가장 좋아하는 음식이라는 이유로 자만해선 안 된다. 고객에게 만족감과 감동을 주어 수많은 경쟁매장 중 우리 매장을 선택하게 하려면 완전히 그 메뉴와 업에 푹 빠져서 열정과 정성을 다 쏟아야 한다.

10년여 전에 만난 S는 자신이 판매하는 음식과 업을 너무나 사랑하는 사람이었다. 타코와 브리또 등 멕시칸 음식을 판매하는 프랜차이즈의 창업자인 S는 멕시코에서 우연히 맛보게 된 타코에 흠뻑 빠져 창업까지 하게 된 경우였다. 그는 미국 유학 시절에 방학 동안 멕시코를 여행하며 맛본 타코가 자신의 인생을 바꾸어 놓았다고 했다.

"아! 정말 정말 너무너무 맛있어!"

그는 미국으로 돌아와서도 그 맛을 잊지 못해 다음 방학에 다시 멕시코로 향했다. 그리고 그때처럼 타코의 맛에 감탄하며, 평생 타코만 먹으며 살았으면 좋겠다는 생각까지 했다. 막연한 바람은 간절한 소망으로 이어졌고, 평생 타코를 먹는 방법으로 창업을 생각하게 됐다. 그는 학업을 중단하고 타코 조리법을 배우기 위해 곧장 멕시코로 향했다. 보통 사람의 상식적인 기준으로는 도저히 이해할 수 없는 그야말로 '미친' 결정이 아닐 수 없었다.

S는 멕시코 요리로 유명한 식당에 취업해 주방의 허드렛일부터 배우기 시작했다. 이후 성실함과 열정을 인정받은 그는 타코를 비롯한 멕시코 요리의 조리법, 그리고 식당 운영의 노하우까지 차근차

근 배워갔다. 2년여에 걸친 시간이었지만 힘들기는커녕 너무나 행복했다. 한국으로 돌아와 창업한 후에도 타코에 대한 사랑은 한결같았다. 타코를 매일 먹을 수 있다는 것에 감사하며 더 나은 음식 맛을 내기 위해 연구했고, 더 많은 사람이 타코의 매력에 빠질 수 있도록 서비스와 마케팅 등에도 정성을 기울였다.

자신이 만들고 판매하는 음식에 이 정도로 애정이 깊은 사람이라면 외식사업을 해볼 만하다. 마치 타코와 결혼이라도 한 듯이 한결같은 마음으로 타코를 사랑하고 함께하는 정성이라면 최소한 요행을 부리거나 중간에 포기하는 일은 없을 것이다.

S의 타코 사랑은 여기서 그치지 않는다. 상대를 진심으로 사랑하면 그의 모든 것을 존중하고 위하게 되듯이 S는 타코라는 음식이 조리되고 판매되는 모든 과정에 정성을 기울였다. 특히 타코가 요리되는 주방은 웬만한 가정의 주방보다도 더 깨끗하게 정리정돈이 되고 청소되어 있었다. 타코를 직접 조리하는 기구와 철판도 늘 빛이 날 정도로 기름때 하나 없이 반짝반짝했다.

"주방을 항상 이렇게 깨끗하게 유지하려면 힘들고 피곤하지 않아요?"

"세상에서 제일 맛있는 타코를 만드는 데 청결은 기본 중의 기본이죠. 힘들고 피곤하기는커녕 즐겁고 행복하기만 합니다. 하하하!"

늘 그렇듯이 그는 그 어떤 질문에도 타코에 대한 깊은 사랑을 표현하며 행복해했다. 유학을 포기하고 외식창업을 한 것을 후회하지 않느냐는 질문에도 그는 부모님의 기대에 부응하지 못한 죄송함은 있으나, 단 한 번도 자신의 선택을 후회한 적은 없노라고 했다. 그리고 부모님의 실망감을 기쁨으로 바꿔드리기 위해서라도 자신이 선택한 일을 더 사랑하고, 타코 전문가로 당당히 인정받고 싶다고 했다.

 외식창업이 포화상태인 것은 모두가 알고 있다. 그 불길 사이를 들어가려면 미쳐야 미친 성과가 나올 수 있다.

  요즘 외식창업자들은 본인이 가게를 챙기지 않아도 직원들끼리 알아서 운영하는 오토매장을 선호하는 경향이 있다. 시스템적으로는 가능한 일이지만 주인이 자리를 비운 가게가 성공하기란 쉽지 않다. 현실은 냉정하다. 손을 안 대고 코를 풀 순 없듯이 아무것도 안 하고 가만히 앉아서 성공을 기대할 순 없다.

  사장이 직접 관리하지 않는 매장은 어떻게든 티가 난다. 매니져를 두고 성과에 비례한 인센티브를 준다고 해도 주인처럼 하는 것과 주인인 것은 분명 다르다. 단기적으로 성과를 내어 권리금을 받고 다시 되팔 게 아니라면 장사는 단골을 만들고 입소문을 내면서 장기적으로 승부를 걸어야 한다. 그리고 이 과정에서 환경이나 상황의 변화에 맞춘 전략을 구사하며 꾸준한 노력을 이어가야 한다.

  다른 분야도 그렇지만 특히 외식업의 경우엔 '적당히', '대충'이 절대 통하지 않는다. 그 업에 완전히 푹 빠져서 헌신할 수 있는 사람이라야 성공을 쟁취할 수 있다. 대충 이름 있는 프랜차이즈를 차려서 직원이나 아르바이트생에게 의존하며 카운터에서 매출이나 점검할 요량이라면 아예 창업할 생각을 말아야 한다. 외식업! 자신이 판매하는 음식에 미치고 업에 미쳐야 비로소 성공에 미칠 수 있다.

Key Point!

- ☐ 외식업, 가장 많이 창업하는 만큼 가장 많이 폐업한다.
- ☐ '적당히', '대충' 하다간 적당히 벌고 대충 망한다.
- ☐ 주인 없는 매장은 티가 난다. 외식업의 오토매장 창업은 신중을 기해야 한다.

한 우물이라도 제대로 파라

#묻지마창업 #호시우행(虎視牛行) #완벽한성공공식

　초등학생 시절에 장래희망이 수시로 바뀌는 친구가 있었다. 화가가 되고 싶다며 미술학원을 서너 달 다니다가 갑자기 작곡가가 되고 싶다며 피아노학원으로 옮기더니 그마저도 곧 관뒀다. 이번엔 수의사가 되고 싶다며 동네 강아지와 고양이에게 관심을 보이다가 느닷없이 국회의원이 되겠단다. 물론 이후에도 그 친구의 장래희망은 수시로 바뀌었다.

　다소 요란스러운 장래희망 탐색기이지만 초등학생이니 크게 문제가 될 건 없다. 호기심은 넘치고 확신은 부족한 어린아이인 만큼 이리저리 흔들리며 길을 찾아가는 것은 어쩌면 당연한 일일지도 모른다. 정말 염려할 사람은 어른이 되어서까지 본인의 일에 대한 확신을 얻지 못하고 여기저기 기웃대며 시도와 포기를 반복하는 경우이다.

비즈니스의 성공에 있어 포기나 실패는 자연스러운 과정 중 하나이다. 한두 번의 도전으로 성공을 거두기 어렵기에 그 과정에서 많은 창업자가 실패를 경험한다. 또 더러는 먼저 포기를 선언하기도 한다. 그런데 그 정도가 지나쳐서, 늘 똑같은 이유로 실패를 반복하는 사람들이 있다. 이들은 충분한 준비 없이, 주위에서 유행하는 아이템이라고 하니 무작정 덤벼들었다가 기대했던 성과가 나오지 않으니 금세 포기한다. 게다가 실패를 성공을 위한 거름으로 활용하지 못하고 그냥 실패로 내버려 둔다.

"이번엔 정말 확실하다니까. 이건 정말 대박, 아니 초대박 아이템이야!"

언변도 좋고 매사에 자신감 넘치는 성격의 L은 사업을 할 때도 추진력이 남달라서 유행하는 아이템이다 싶으면 큰 고민 없이 도전했다. 주위에서 좀 더 신중하게 결정하라고 조언해도 귓등으로 들었다. 유행 아이템인 만큼 성공은 당연하다고 확신했다. 덕분에 무한리필 고깃집, 테이크아웃 커피전문점, 전자담배 판매점, 핸드폰 판매점 등 2~3년에 한 번씩 도전과 실패를 거듭했다.

창업 시장에 갑자기 떠오르는 핫아이템은 불꽃처럼 순식간에 피어오르지만 언제 꺼질지 모를 위험도 함께 품고 있다. 이런 위험에 대한 충분한 분석과 준비 없이 무작정 창업하다 보니 기대했던 성과가 나오지 않으면 얼른 두 손을 들어버리는 것이다. 충분한 준비와 우직한 뚝심으로 나아가도 쉽지 않은 것이 성공이다. 하물며 갈대처럼 이리저리 팔랑대는 마음과 준비 없는 조급한 태도가 낳은 결과가 반복적인 실패를 낳는 것은 너무나 당연한 결과이다.

"실패요소를 제거하고 성공요소만 남겨라"

　20년 가까이 창업컨설팅과 포스시스템 구축 및 관리를 하면서 수많은 자영업자의 성공과 실패를 가까이서 지켜보았다. 그 과정에서 깨달은 것 중 하나가, 성공과 실패는 서로 연결되어 있다는 사실이다. 대다수의 성공한 창업자들은 단 한 번의 도전에서 성공을 거두기보다는 실패를 반복하면서 점점 성공을 완성해가고 있었다. 그리고 그들에게 실패는 경험치가 되어 다음 도전에서 반드시 살피고 주의해야 할 여러 지침을 만들어 주었다.

　국내 최대 프리랜서 마켓 플랫폼 크몽kmong의 창업자인 박현호 대표 역시 10전 11기의 뚝심 있는 기업가로 유명하다. 도전과 실패를 반복한 것은 앞서 들려준 L과 비슷해 보이지만 이 둘은 확연한 차이점이 있다. L이 분야를 가리지 않고 이것저것 도전하고 실패했던 것과 달리 크몽의 박 대표는 온라인 비즈니스라는 한 우물을 뚝심 있게 팠다. 그리고 그 과정에서의 실패를 다음번 도전에 경험치로 활용하며 실패요소를 하나하나 제거해나갔다.

　어릴 때부터 프로그래밍을 좋아하고 관심이 많았던 박 대표는 대학생 때 친구들과 PC방 사용자 가이드용 프로그램을 개발하여 대학가의 PC방 700여 곳에 무료로 배포했다. 사용자가 늘면 광고가 들어와 수익이 생길 것이라 기대해서다. 그런데 예측은 보기 좋게 빗나갔다. 사용자는 늘었으나 기대했던 광고는 들어오지 않았다. 첫 창업의 실패에서 그는 '사용자가 많다고 수익화로 이어지는 건 아니다'라는 교훈을 얻었고, 창업을 고려할 땐 반드시 수익화에 대한 현실적인 계획을 세우기로 했다.

　이후 글로벌 시장에서 아마존이 전자상거래 기업으로 급부상하자 박 대표는 전자기기를 파는 쇼핑몰을 창업한다. 당시 닷컴버블의 열기가 뜨거웠던 때라 5억 원의 엔젤투자까지 받을 수 있었다. 번듯한 물류창고까지 갖추고 사업을 확장해가던 중에 또다시 예상치 못한 위기와 만나게 된다. 인터넷 쇼핑몰들이 급격하게 생겨나면서 치열한 가격 경쟁이 벌어져 매출만 늘 뿐 영업이익은 턱없이 낮았다. 게다가 닷컴버블이 꺼지면서 박 대표의 회사도 맥없이 무너지게 됐다. 이때의 실패에서 그는 너나없이 불나방처럼 몰려드는 사업은 '버블'처럼 급격하게 커졌다가 일순간에 꺼진다는 것을 깨닫게 된다.

이 외에도 온라인 스트리밍 서비스 중계사업은 저작권에 대한 이해가 부족해 사업이 실패했고, 글로벌 시장을 겨냥한 게임 아이템 거래사이트는 외국인 사용자들의 빈번한 사기 거래로 사이트의 신뢰도가 추락해 문을 닫아야 했다.

보통의 사람이라면 두 손 들며 "다시는 사업 안 한다!"라는 소리가 나올 법도 했지만, 박 대표는 다시 도전을 선택했다. 10번의 창업과 10번의 실패를 이어오는 동안 상심과 충격도 컸고, 빚도 늘었다. 그럼에도 다시 11번째 도전을 할 수 있었던 것은 10번의 실패에서 얻은 교훈들이 차곡차곡 쌓여 자신을 성장시키고 있었기 때문이다. 많은 도전과 많은 실패를 경험한 덕분에 트렌드를 읽고 사업의 타당성을 판단하는 힘도 생겼고, 이전의 실패들을 걸러내는 힘도 생겼다.

그는 2011년에 5달러에 재능을 사고파는 이스라엘의 파이버Fiverr를 벤치마킹해 모든 재능을 5천 원에 거래하는 크몽 사이트를 개설했다. 이후 5천 원이라는 가격 제한을 없애고, 서비스도 더욱 확대하여 디자인, 마케팅, 컴퓨터 프로그래밍, 번역, 문서작성, 레슨 등 다양한 분야에서 거래가 이뤄지는 프리랜서 마켓 플랫폼으로 성장시켜나갔다.

7전 8기로도 모자라 10전 11기의 도전을 통해 이뤄낸 성공이라 더욱 대단하고 의미 있게 느껴진다. 그런데 한 우물을 판다고 모두가 '마침내' 바라던 성공과 만나는 것은 아니다. 우공이산愚公移山도 좋지만 호시우행虎視牛行하는 것이 더 중요하다. 즉 산을 옮길 정도의 우직함도 필요하지만, 호랑이처럼 꿰뚫어 보고 소처럼 우직하고 뚝심 있게 나아가야 한다. 한 우물을 뚝심 있게 파되, 우물을 파기 전에 충분한 분석을 통해 그곳에 물이 있음을 확신할 수 있어야 한다. 기껏 파 내려간 우물이 물이 메말라버린 곳이라면 우직함은 곧 어리석음이 될 수 있다.

물론 호랑이처럼 꿰뚫어 보고 소처럼 우직하게 나아가도 실패를 거듭할 수 있다. 그런데 반복된 실패의 끝에서 마침내 성공과 만나려면 실패를 통한 깨달음과 배움이 있어야 한다. 실패가 실패로 끝나는 것은 그 안에서 배우지 않기 때문이다. 10번이 아니라 20번을 도전해도 실패에서 배우고 성장하지 않으면 실패만 반복하는 도전에 머물게 된다. 실패를 성공의 거름을 활용하기 위해서는 반드시 실패를 통해 얻은 깨달음을 다음번의 창업에 반영해야 한다. 그렇게 실패요소들을 하나둘 제거해나가다 보면 결국엔 성공요소들만 남게 된다. 실패요소들을 완벽하게 제거하는 것만큼 확실한 성공공식은 없다.

Key Point!

- 정확한 분석과 준비 없는 묻지마 창업은 묻지마 폐업을 부른다.
- 실패를 통한 깨달음과 배움이 있어야 성공과 만난다.
- 우공이산(愚公移山)도 좋지만 호시우행(虎視牛行)하는 것이 더 중요하다.

돈은 적어도 열정은 크게

#소자본창업 #자본의경쟁 #인풋과아웃풋은비례

　창업컨설팅을 하다 보면 의외로 많은 사람이 창업에 대해 잘못된 상식을 가지고 있는 것을 보게 된다. 그 중 대표적인 것이 창업비용이다. 점포의 규모가 크면 비용도 많이 들어가고, 규모가 작으면 당연히 창업비용도 적을 것이라 오해한다. 답부터 말하자면, 반드시 그런 것은 아니며, 오히려 반대의 경우도 많다.

　몇 년 전, 친하게 지내는 지인이 부업으로 '인형 뽑기' 점포를 해보고 싶다며 상담을 해왔다. 지인의 상황을 잘 알던 나는 두 손을 내저으며 반대했다. 그 이유는 이러했다. 그동안 나에게 상담했던 많은 창업자 중에 단 두 명만이 인형 뽑기로 수익을 낼 수 있었다. 그런데 이 두 명에게는 공통점이 있었다. 바로, 창업 자본으로 3억 원 이상을 투자했다는 점이다. 인형 뽑기 창업에 3억 원이라니! 창업비용으로 2천만 원 정도를 예상하던 지인은 내 말에 입이 떡 벌어졌다.

당시 인형 뽑기 점포는 적은 자본으로도 창업이 가능한 데다 인건비가 들지 않아 창업자들에게 인기가 높았고, 유행이 거세지니 번화가나 변두리를 가리지 않고 우후죽순으로 생겨났다. 그러나 점포의 생명력은 길지 않았고, 창업의 열풍만큼이나 폐업의 바람도 거세고 빨랐다.

폐업의 이유는 크게 두 가지로 정리된다. 우선 기계 조작을 눈치챈 고객들이 흥미를 잃고 시장에서 이탈한 것을 들 수 있다. 인형 뽑기는 기계 자체에 함정이 있는 경우가 많다. 아는 사람들은 다 알겠지만, 당시 인형 뽑기 기계는 일정 횟수마다 인형을 잡는 악력이 바뀌도록 설정된 것들이 많았다. 또 일정 금액(1만 원)을 넣으면 10번(+2번)마다 한 번씩은 인형이 뽑히게 세팅된 기계도 있었다. 나의 능력이 아니라 기계의 조작으로 인형이 뽑히기도 뽑히지 않기도 하니 승부욕이 발동될 리 없었다.

"소자본 창업도 경쟁이 거세면 결국 돈의 싸움이 된다"

인형 뽑기 점포 폐업의 또 다른 이유는 자본금의 규모를 들 수 있다. 소자본으로 가능한 소규모 점포의 창업도 경쟁이 거세지면 결국 자본금의 싸움이 된다. 여기저기에 인형 뽑기 점포가 널렸다면 기왕이면 인테리어도 예쁘고, 다양한 뽑기와 놀이를 즐길 수 있는 매장으로 들어가는 것은 당연한 심리이다. 소자본 점포들이 서너 대의 기계만 두고 싼 원가의 인형들만 사용하는 데 비해 자본이 넉넉한 사업자는 역발상으로 단가가 높은 큰 인형을 사용하기도 하고, 최소 10대 이상의 다양한 인형 뽑기 기계를 들여놓아 골라 먹는 재미까지 더해준다. 게다가 축구공 발차기, 미니노래방, 윷놀이 기계, 펀치 기계 등 종합선물세트 같은 다양한 놀거리로 매장에 들어

온 고객의 지갑이 저절로 열리도록 유혹한다.

　어디 그뿐인가. 인형 뽑기를 즐기는 고객이 주로 20대 청년층이다 보니 잘 되는 점포는 역 주변의 유흥가나 대학교 주변의 술집 밀집 지역에 있다. 상대적으로 높은 권리금과 임대료, 인테리어 비용을 투자한 덕분에 매장 안에는 술 한 잔 마신 뒤 여자친구에게 인형을 뽑아주겠다는 청년들로 붐빈다. 게다가 천 원짜리 몇 장으로 소소하게 인형 뽑기만 하는 소규모 매장과 달리 큰 인형을 뽑고 다양한 놀이를 즐기느라 만 원짜리 몇 장을 아무렇지 않게 쓰고 가는 손님도 많다.

　결국 소자본 창업이더라도 품질이나 서비스 등에서 차별화를 이끌 수 있는 분야가 아니라면 돈의 싸움에서 이길 방법이 없다. 맞벌이 가구나 1인 가구의 증가로 성행 중인 무인 셀프 빨래방의 경우도 세탁 기계만 덩그러니 있는 곳보단 카페처럼 꾸며 편안한 분위기에서 음료나 간식을 즐기면서 책이나 텔레비전을 볼 수 있도록 꾸며두고, 심지어 안마의자까지 준비해둔 곳도 많다. 이 역시 자본의 경쟁이다.

"돈이 적다고 정성까지 적으면 폭망"

　소자본으로 창업한다고 해서 사업에 할애하는 시간과 정성까지 적게 들어갈 것이라 기대해서는 안 된다. 흔히들 인형 뽑기 점포는 인형만 꾸준히 잘 채워주고 가끔 청소만 해주면 된다고 생각한다. 돈이 적게 들어간 만큼 정성도 적게 들여도 된다고 생각하는 것이다. 그래서 직장을 다니거나 다른 사업을 하며 부업으로 운영할 계획을 세우곤 한다.

　돈이든 정성이든 시간이든 인풋이 적은 것은 아웃풋도 적다. 뿌린

만큼 거두는 것이기에 공짜로 얻는 것은 세상 그 어디에도 없다. 앞서 말한 인형 뽑기 사업에 성공한 두 분 역시 3억 원이라는 큰돈이 들어간 만큼 시간과 정성을 모두 쏟아부었다. 승합차에 인형을 가득 싣고 수시로 CCTV를 확인하며 각 매장에 들러 인형을 채워주고, 기계에 문제가 생겼거나 고객이 불편을 겪는 상황이 발생하면 즉시 달려가 해결해주었다. 자투리 시간을 활용한 부업으로 하는 사람이라면 이런 신속한 대응이 어렵다.

무인 셀프 빨래방 역시 CCTV를 확인하며 고객의 불편사항을 신속히 해결해주는 것이 성공의 필수요소이다. 소자본 창업이라는 말이 무색할 정도로 규모 있게 매장을 꾸며놓곤 모든 것이 '셀프'로 운영되길 기대하며 대박을 바란다면 도둑놈 심보와 다를 바 없다.

큰돈이 들 것 같지 않은 무점포 창업도 마찬가지이다. 점포 임대료와 인테리어 비용 등 초기 창업비용은 비교적 적지만, 상품이나 서비스를 홍보하는 마케팅 비용은 생각보다 많이 든다. 명함이나 판촉물의 제작비용은 물론이고 온라인 플랫폼 구축을 위해 어플리케이션을 만들고 각종 SNS 채널을 통해 홍보하는 것 역시 비용 지출이 생각보다 크다. 그리고 무엇보다 땀을 아끼지 않아야 한다. 무점포 창업은 그 어떤 업종보다 사업자의 땀과 수고가 빛나는 분야이다 보니 몇 배의 노력을 할 각오를 해야 한다. 고객을 적극적으로 찾아가며 상품과 서비스를 홍보하고, 한 번 찾은 고객이 다시 나를 찾고 마침내 단골까지 될 수 있도록 최선을 다한 노력을 해야 한다.

'마부위침(磨斧爲針)'이란 말이 있다. '도끼를 갈아 바늘을 만든다'라는 말로, 흔하디흔한 바늘 하나를 만드는 데도 도끼를 갈아 다듬는 정성과 최선을 다한 노력이 필요하다는 의미이다. 적은 돈을 투자했기에 돈을 적게 벌어도 되고, 심지어 망해도 된다고 생각하는 이는 아무도 없다. 비록 자본이 부족해 소자본으로 창업을 하지만

마부위침(磨斧爲針). 도끼를 갈아 바늘을 만든다. 적은 비용으로 창업했다고 노력까지 적어지면 안된다. 내가 갖고있는 창업비용이 적을수록 더 많은 노력을 해야한다.

성공을 바라는 마음은 많은 돈을 투자한 이와 다를 바 없다. 이러한 열망을 현실로 구현해주는 것은 부족한 자본을 나의 시간과 노력, 열정으로 채우는 태도이다. 금액을 적게 투자해서 남들처럼만 노력한다면 안타까운 결과를 피할 수 없다.

 **Key Point!**

- 소자본 창업이 가능한 분야라도 자본의 경쟁을 피할 수 없다.
- 돈이 적게 들어간 만큼 땀으로 메워야 한다. 시간과 노력, 열정을 몇 배로 쏟아부을 각오를 해야 한다.

깔끔하게 닫고 상큼하게 열자

#백종원의골목식당 #루틴 #매뉴얼 #마감청소

  SBS에서 2018년 1월부터 200부작으로 방영된 '백종원의 골목식당'에서 백종원 씨는 의뢰인의 식당에 들어서면 매번 위생과 청결, 정리정돈 상태부터 점검했다. 위생과 청결은 음식을 만들고 파는 곳의 기본 중의 기본인 데다 주인장의 마음가짐을 가늠할 수 있는 바로미터이기 때문이다.

  이것은 비단 요식업에만 해당하는 사항이 아니다. 모든 업종이 점포를 깨끗이 청소하고 정리정돈하는 것으로부터 정신과 마음을 점검할 수 있다. 개중에는 "제가 원래 청소나 정리정돈에 약해요."라는 핑계를 대기도 하지만, 능력이 부족하면 노력으로 채우면 된다. 점포를 깨끗이 하고 정리정돈하는 것을 반복해서 훈련하고, 아예 루틴화해서 기계적으로라도 습득해야 한다. 마치 선생님을 만나면 존경하는 마음의 여부와는 무관하게 자동으로 인사가 나오는 것처럼, 내 능력이나 의지와 무관하게 청소와 정리정돈이 몸에 배게 해야 한다. 그 정도 노력도 없이 창업이 성공을 향하길 바라는 건 욕심이다.

경기도에서 10년 넘게 훌랄라 치킨의 가맹점을 하는 L 부부는 영업이 끝나는 새벽 2시부터 대략 2~3시간에 걸쳐 하루를 마감한다. 이 시간 동안 L 부부는 매장 청소는 물론이고 연통 청소, 사용한 숯의 정리, 치킨을 구우면서 남은 찌꺼기까지 모두 깔끔하게 청소하고 매장의 정리정돈까지 끝낸다. 그뿐만이 아니다. 다음 날에 사용할 식자재의 손질, 포장 용기 세팅, 매출 체크와 식자재 및 용품의 발주, 그리고 포스기 안에 넣어야 할 준비금까지 완벽하게 준비해둔 후에 비로소 하루를 닫는다. 10년이 넘는 긴 세월 동안 단 하루도 이 루틴을 어긴 적이 없다. 이런저런 이유로 예외를 인정하는 순간, 규칙은 그 힘을 잃게 된다는 것을 알기 때문이다.

"오늘의 마감은 내일의 준비다"

오늘의 마감은 내일의 준비다. 마무리가 깔끔하면 시작도 상쾌할 수밖에 없다. 출근하여 매장의 문을 여는 순간, 깨끗하게 청소되고 정돈된 환경이 펼쳐지니 '오늘 하루도 열심히 잘해 보자'며 에너지가 저절로 채워진다. 오랜 시간 스스로 정한 규칙을 예외 없이 지킨 덕분에 음식의 맛과 매장의 청결도에 변수가 생길 이유가 없었다. 게다가 특별히 주문이 많은 날이나 시간대에도 미리 모든 것을 준비해둔 덕분에 큰 혼란 없이 소화해낼 수 있다.

그날의 흔적을 모두 깔끔하게 정리하고 하루를 마무리하는 것이 당연한 듯 여겨지지만 사실 이런 기본이 무시되는 곳도 적지 않다. 그나마 프랜차이즈 가맹점은 마감 시 해야 할 일들까지 매뉴얼화된 곳이 많지만, 개인 창업은 영업의 자율성이 큰 만큼 그때그때 상황에 따라 달라진다. 특히 요식업을 하는 분들 중에는 피곤하다, 힘들다, 귀찮다는 이유로 슬쩍 내일로 미루는 경우도 적지 않다. 대부분 늦은 시각까지 장사하다 보니 얼른 집에 가서 쉬고 싶은 마음이 큰 것이다.

이런 경우, 다음날에 가게 문을 열면 눈 앞에 펼쳐지는 광경에 한숨부터 터져 나오기 마련이다. "언제 이걸 다 치우느냐"며 투덜대다 치우다 보면 몸도 마음도 기운이 쏙 빠져버린다. 게다가 청소로 에너지를 소진한 탓에 다른 준비단계에서 실수가 발생하기도 하고, 지친 표정이 손님에게 그대로 전해지기도 한다.

일하다 보면 시간이 지날수록 피로도가 커지는 것은 당연하다. 그런데 시작이 상쾌하지 못하면 초반부터 피로감이 극심해지고, 온종일 피곤을 달고 있어야 한다. 주인장의 이런 모습을 손님이 모를 리 없다. 당장 매장의 청결도에서 티가 나고 말 한 마디, 표정 하나에서도 티가 난다.

손님이 도망가는 점포가 되지 않으려면 아무리 피곤하고 힘들어도 그날 할 일은 그날 해내며 하루를 깔끔하게 마무리하자. 예외 없이 매일매일 실천하다 보면 어느 순간부턴 당연한 일과가 되어 피곤도 덜 느끼게 되고, 그만큼 시작의 상쾌함도 커진다.

Key Point!

- ☐ 능력이나 의지와 무관하게 청소와 정리정돈이 몸에 배게 해야 한다.
- ☐ 예외를 두면 규칙은 힘을 잃는다. 예외 없이 매일매일 실천하다 보면 당연한 일과가 된다.
- ☐ 오늘의 마감은 내일의 준비다. 마무리가 깔끔해야 시작도 상쾌하다.

성장을 위해 경쟁을 즐겨라

#피할수없으면즐겨라 #벤치마킹 #멘탈관리

"가뜩이나 장사도 안 되는데 우리 골목에 카페가 또 하나 새로 생겼어요."

포스시스템 관리로 가맹점에 들르면 이런 볼멘소리를 종종 듣곤 한다. 내 가게에서 일어나는 일이야 최선을 다해 열심히, 잘하면 된다지만 새로운 경쟁업체의 등장처럼 가게 밖에서 일어나는 일은 내 능력 너머의 일이라 어찌할 도리가 없다.

장사가 잘되든 못되든, 창업자를 늘 긴장하게 하는 것이 동일 상권의 경쟁업체들이다. 새로운 상권에 선점하여 들어가는 것이라면 후발주자로 들어오는 경쟁업체들의 빠른 추격이 신경 쓰이고, 후발주자로 들어간 경우라면 먼저 선점한 선발주자를 따라잡느라 애를 써야 한다. 세상에 없는 유일한 상품이나 서비스를 판매하는 독점이 아닌 이상 이는 모든 창업자가 겪어야 하는 공통된 고민이다.

'피할 수 없으면 즐기라'는 말이 이보다 더 잘 들어맞는 상황은 없다. 경쟁업체는 경쟁자이지 나를 공격하거나 내가 공격해야 하는 적이 아니다. 게다가 경쟁업체를 최대한 긍정적으로 활용한다면 나의 발전을 이끄는 좋은 양분이 된다. 경쟁업체는 그 존재만으로도 나의 열정을 더욱 끌어올리는 좋은 자극제가 될뿐더러 훌륭한 벤치마킹의 대상이 되기도 한다. 모방은 창조의 어머니란 말처럼 경쟁업체의 장점을 흡수하고 나만의 경쟁력을 보강한다면 나만의 차별화된 시장을 만들 수 있다.

삼성전자가 스마트폰을 개발하던 초창기에 애플의 아이폰이 훌륭한 자극제가 되었던 것은 널리 알려진 사실이다. 삼성은 시스템적인 요소는 물론이고 디자인 또한 애플을 벤치마킹하면서 '따라 하기 전략'으로 성장한다는 비난을 피할 수 없었다. 그러나 이는 단순히 흉내 내기나 베끼기가 아닌 경쟁사의 것을 참고하여 좋은 것을 취하되 나만의 강점을 보강한 벤치마킹으로 보아야 한다. 삼성은 구글 안드로이드 OS와 탁월한 하드웨어 기술력으로 애플과의 차별점을 만들었고, 비슷하지만 다른 매력으로 전 세계 소비자들의 사랑을 받고 있다.

'대륙의 실수'로 유명한 샤오미 역시 벤치마킹 전략으로 성장한 대표적인 기업이다. '패스트 팔로우'. '카피캣', '짝퉁 애플' 등의 비아냥거림 속에서도 샤오미는 그들만의 시장을 탄탄하게 구축해 나갔다. 성능과 디자인은 잘나가는 그들을 카피했어도 가격만큼은 월등히 저렴하게 책정함으로써 가성비를 중요하게 생각하는 고객들의 마음을 사로잡은 것이다.

샤오미는 제품의 개발비를 절약하고 디자인과 성능을 단순화하는 방식으로 제품의 단가를 낮춘다. 또 한 번에 하나의 모델만 출시함으로써 부품의 대량구매를 가능하게 해 부품비를 낮춘다. 게다가

'싼 게 비지떡'이라는 공식을 깨기 위해 기술력 또한 꾸준히 향상해 나감으로써 글로벌 시장에서 가성비 대명사로 자리 잡게 되었다.

벤치마킹은 소상공인들에게도 발전과 성공을 위해 꼭 필요한 전략이다. 옷가게를 하는 자영업자가 백화점의 의류코너와 패션잡지를 참고해서 판매할 옷을 고르고 진열하는 것, 꽃집을 하는 자영업자가 인기 꽃집이나 인터넷, 잡지 등의 꽃꽂이를 참고하는 것, 음식업을 하는 자영업자가 유명 맛집의 시그니처메뉴를 참고하여 신메뉴를 개발하는 것 등이 모두 벤치마킹이다.

"상황을 바꿀 수 없다면 생각을 바꿔라"

20여 개의 직영점과 수십여 개의 가맹점을 운영하는 프랜차이즈 헤어샵 대표 B는 한 달에 한 번 이상 여러 경쟁 브랜드의 헤어샵에 가서 머리를 다듬고 서비스를 이용한다. 본인의 매장에서 다듬으면 비용도 안 들고 시간도 절약되지만, 굳이 돈과 시간을 들여 경쟁업체들에서 서비스를 받는 것은 그 이상의 것을 얻을 수 있기 때문이다.

머리를 자르고 다듬는 것을 헤어디자인이라고 표현할 정도로 헤어샵은 새로운 디자인을 개발하는 것이 중요하다. 이때 우물 안 개구리처럼 나의 울타리 안에서만 맴돌면 새롭고 창의적인 아이디어를 찾기가 어렵다. 창의적 아이디어는 어느 날 갑자기 내 안에서 샘솟기를 기대하기보다는 영감을 얻을 만한 좋은 자극제를 접하는 것이 큰 도움이 되기에 B는 아이디어를 얻고 동기부여를 하는 좋은 자극제로 경쟁업체를 활용하는 것이다.

앞서 말한 삼성이나 샤오미, 그리고 B의 사례처럼 경쟁업체를 단순한 경쟁자가 아닌 발전을 위한 벤치마킹의 대상이자 열정을 끌어

 세상에 나 혼자 할 수 있는 업종은 없을 것이다. 어떤 업종이든 경쟁자를 보며 벤치마킹하고 스스로 스트레스를 받는 방식이 아닌 동기부여의 형태로 받아들여야 한다.

올릴 좋은 자극제로 활용한다면 그야말로 경쟁을 즐기는 경지에 오를 수 있다. 그런데 안타깝게도 현실은 경쟁업체를 적으로 생각하고 스트레스를 받는 경우가 더 많다. 특히 오프라인 판매에 주력하는 소상공인의 경우엔 상권이 제한된 탓에 경쟁업체와 고객을 나눠 가져야 하니 더더욱 그렇다.

10년 전의 일이다. 연탄삼겹살구이집을 하던 C는 월세 수익만으로 충분히 여유로운 생활을 할 수 있는 건물주임에도 장사에 대한 애정과 열정이 무척 컸다. 심혈을 기울여 메뉴를 개발하고 늘 웃는 얼굴로 정성껏 서비스한 덕분에 첫 창업임에도 C의 가게엔 고객들의 발길이 끊이질 않았다.

안정적으로 성장할 것이라 기대했던 C의 가게는 예상치 못한 문제로 흔들리기 시작했고, 급기야 폐업까지 하게 되었다. C의 연탄삼겹살구이집이 큰 인기를 끄니 인근에 유사한 컨셉으로 창업하는 곳들이 하나둘 생겨났다. 게다가 그들은 C가 개발한 여러 메뉴와 레시피, 운영시스템 등을 벤치마킹하면서 C의 고객들을 흡수해나갔다. 매출이 떨어지는 것도 문제였지만 무엇보다 C를 힘들게 한 것은 경쟁자들을 향한 분노였다.

C는 자신이 시간과 정성을 들여 개발한 것을 아무렇지 않게 가져가서 유사하게 베끼는 경쟁업체들에게 화가 났고, 어떻게든 그들을 이기려 안간힘을 썼다. 서비스 반찬을 늘리고 고기의 양을 추가하면서 제 살 깎아먹기식의 경영을 했다. 또 신메뉴도 이것저것 개발하여 추가하고 인테리어도 현대식으로 바꾸는 등 연탄삼겹살구이라는 색깔마저 잃는 악수를 두게 되었다. 정체성을 잃은 C의 가게는 점점 더 고객의 발길이 뜸해졌고, 결국 후발주자인 경쟁업체들에 밀려 폐업까지 하게 되었다.

앞서 나아가는 경쟁업체들을 벤치마킹하면 되는 후발주자들과 달리 시장을 먼저 선점한 선발주자들은 C의 경우처럼 심혈을 기울여 개발한 좋은 제품이나 서비스를 경쟁업체에 빼앗기기도 한다. 분하고 화가 나는 일일 테지만 그 누구도 흉내 내지 못하는 특별한 제품이나 서비스가 아닌 이상 모든 기업이나 소상공인이 감내해야 할 부분이다.

현대 사회에서는 무엇을 개발하든 기존의 것과 비슷한 부분이 있을 수밖에 없다. 설령 혁신적인 제품을 개발한다고 해도 금세 흉내 낸 것들이 뒤따라 나오기 마련이다. 이런 시장환경에서 생존하고 성장하려면 경쟁자의 추격이나 도발에 흔들리기보다는 자기 자신을 믿고 자신의 길을 나아가면 된다. 게다가 경쟁자들의 출현과 추격이 반드시 부정적으로 작용하는 것은 아니다. C의 경우처럼 자신의 가게 근처에 유사한 컨셉의 매장들이 많이 들어섰다면 그 상권은 '연탄삼겹살구이' 전문 골목으로 유명해질 수도 있다. 상권 자체로 유입되는 고객의 수가 는다면 C에게 이는 또 다른 기회가 될 수 있다. 경쟁업체들과 차별화되는 자신만의 특성만 갖춘다면 군계일학이 될 수도 있기 때문이다.

피할 수 없다면 상황을 최대한 긍정적으로 바라보며 나의 더 큰 성장을 이끌어야 한다. 혼자 달리는 것보다 경쟁자들과 함께 달리면 절대적인 실력은 더 향상되기 마련이다. 그러니 경쟁업체들과의 경쟁을 즐기고, 그들을 내 성장의 아이디어를 얻는 창구이자 열정을 자극하는 대상으로 여기며 긍정적으로 활용해야 한다. 생각처럼 쉽지는 않겠지만, 일단 마음이 편해야 흥이 나고 열정도 샘솟는 것이니 최대한 긍정적으로 해석하는 것이 좋다.

- 경쟁자는 적이 아니다. 내 안의 열정과 아이디어를 샘솟게 하는 좋은 자극제이다.
- 경쟁자의 아이디어를 흉내 내더라도 반드시 나만의 차별점을 만들어라.
- 경쟁자는 서로가 벤치마킹의 대상이다. 피할 수 없는 상황인 만큼 최대한 긍정적으로 생각하며 마음을 다스리자.

금수저 창업은 독일까, 약일까?

#사업장과집의거리 #출근길의루틴 #강제장치

 중국 북송의 정치가이자 시인인 소동파는 "자식에게 많은 유산을 남겨 주는 것은 자녀에게 큰 복이 되는 것이 아니라 반드시 큰 화가 된다."라고 했다. 또 미국의 철강왕 카네기는 "많은 유산은 의타심과 나약함을 유발하고, 비창조적인 삶을 살게 한다."라며 재산의 90%를 사회에 기부했다. 이외에도 빌 게이츠, 록펠러 등 많은 슈퍼리치들이 자신의 재산 중 상당 부분을 사회에 환원하고 있다. 그들은 하나같이 공동체를 위한 마음 못지않게 자녀를 위한 마음도 크기에 기꺼이 자신의 돈을 이웃과 나눈다고 말한다.

 독도 잘 쓰면 약이 되고, 약도 잘못 쓰면 독이 되듯이 돈과 같은 물질적인 환경도 어떻게 활용하느냐에 따라 내 삶에 독이 되기도 약이 되기도 한다. 창업할 때도 마찬가지다. 좋은 환경을 독이 되게 하는 사람이 있고, 열악하고 불리한 환경을 오히려 열정을 끌어올리

 창업에 있어서 금수저가 좋을지 흙수저가 좋을지는 알 수 없다. 다만, 간절함이 없는 상태의 창업이 반드시 실패한다는 것은 누구도 부정할 수 없을 것이다.

는 약으로 활용하는 사람도 있다.

창업컨설팅을 하다 보면 더러 부모의 지원을 받아 창업하는 청년들을 보게 된다. 오랜 시간 월급을 아끼고 모아서 최소한의 자본으로 창업하는 사람들로선 금수저를 물고 태어난 이들이 부럽기도 하다. 그런데 가까이서 이들을 살펴보면 마냥 부럽기만 한 것은 아니다. 오히려 '왜 저렇게 좋은 환경을 약이 아닌 독으로 쓰지?'라며 안타까운 마음이 드는 경우도 많다.

오래전 창업컨설팅을 하며 만났던 30대 초반의 O 또한 어머니의 도움을 받아 창업했는데, 그 결과가 좋지 않았다. 부모에게 지원받아 창업하는 이들이 모두 그런 것은 아니었으나 O는 마마보이에 가까울 정도로 지나치게 어머니의 말에 끌려다녔다. O는 빙수 전문점을 창업하려 했으나 결국 어머니의 생각과 의견에 끌려 카페를 창업했다. 어머니는 점포 선정은 물론이고 인테리어, 기구, 작은 소품들까지 모두 본인이 리드했고, O는 익숙한 듯이 뒤로 물러났다.

"사업장과 집이 가까우면 약이 될까? 독이 될까?"

문제는 여기서 끝나지 않았다. O의 소극적이고 무심한 태도는 창업 이후에도 그대로 이어졌다. 당시 O는 경기도에 집이 있었고, 사업장인 카페는 서울에 있어서 출퇴근에 대략 한 시간 이상이 소요되었다. 카페 창업을 준비할 때 어머니는 매장과 집이 가까운 게 낫다라며 카페 가까이에 오피스텔을 구해주겠다고 했다.

"어머님, 창업 초기에는 매장과 집이 어느 정도 거리가 있는 게 좋습니다. 오피스텔을 구하더라도 시기를 6개월 정도 뒤로 늦추시는 게 좋겠습니다."

오랜 경험에 근거한 나의 의견을 강력하게 어필했으나 이 또한 무시되었다. 많은 창업자를 지켜본 결과, 집과 매장이 가까우면 편안함과 편리함에 기대려는 성향이 강했다. 실제로 O 또한 집이 매장에서 10분 거리에 있으니 틈만 나면 집에 가서 쉬려고 했다. 손님이 몰리는 시간에는 그런대로 열심히 일했지만 손님이 뜸한 시간엔 직원에게 매장을 맡기고 집에 가서 낮잠을 자고 오는 등 태도가 흐트러졌고, 급기야 매장에 나와서도 수시로 핸드폰만 보면서 흐트러진 모습을 보였다.

당연한 말이지만, 손님이 있든 없든 주인은 가능한 매장을 지켜야 한다. 손님이 없을 때는 매장을 청소하고, 신메뉴 개발을 하거나 재료 손질을 하는 등 자신의 업에 집중해야 한다. 그런데 O는 창업 초기부터 이런 태도가 무너졌다. 주인이 흐트러진 모습을 보이면 직원들도 의욕이 사라지고 같이 흐트러지기 마련이다. 게다가 간간이

들어오는 손님들도 주인과 직원의 이런 모습을 보면 그 가게에 오는 것이 꺼려진다. 첫 단추부터 잘못 끼운 탓에 모든 것이 실패를 향해 나아갔고, 결국 O는 2년도 안 돼 카페 문을 닫아야 했다.

흔히들 집과 사업장이 가까우면 오가는 시간도 절약되고 덜 피곤해서 일에 더 많은 에너지를 활용할 것이라 예상한다. 하지만 막상 그런 환경이 만들어지면 O의 경우처럼 흐트러지는 경우가 더 많다. 학창 시절에 학교 앞에 집이 있는 친구들이 지각이 잦은 것과 비슷한 이유이다. 몸이 편한 만큼 마음도 늘어지고 긴장감이 줄어드는 것이다.

이런 이유로 창업 초창기엔 오히려 사업장이 집과 좀 떨어져 있는 게 좋다. 오픈 시각은 고객과의 약속이기에 출근에 늦지 않으려면 더 일찍 일어나서 부지런하게 움직이게 된다. 만약 의지대로 되지 않는다면 나름의 강제장치를 마련하는 것도 좋다. 즉 집에서 점포까지 가는 출근길에 꼭 해야 할 일들을 정해서 매일매일 습관처럼 하는 것이다. 은행에 들러 잔돈을 바꾸고, 식자재마트에 들러 오늘 필요한 식자재를 사는 등 반드시 해야 하는 일들을 출근길에 해결하는 것이다.

"내 안의 긴장감을 최대로 끌어올려라!"

O의 사례와는 반대로 집과 사업장이 제법 먼 거리에 있었던 H는 매일 첫 지하철 운행 시간에 맞춰 집에서 나왔다. H는 서울의 대학가에서 주먹밥과 라면을 전문으로 팔았는데, 오픈 시간 전에 모든 준비를 마치기 위해 최대한 일찍 출근했다. 게다가 지하철을 타고 이동하는 시간에도 꾸벅꾸벅 졸거나 멍하게 있지 않고 그날 하루의 업무 계획을 세우고, 신메뉴 아이디어를 메모하며 긴장감과 열정을

끌어올렸다.

"저는 오픈 전에 모닝커피 타임도 꼭 가져요. 모든 준비를 완벽하게 끝내놓고 편안하게 커피를 마시면서 오늘도 우리 가게를 찾는 모든 손님이 맛있게 행복하게 식사할 수 있도록 최선을 다하자며 다짐을 하죠. 그 모든 것이 끝나면 이제 오픈 시각에 맞춰 가게 문을 열고 손님을 맞이해요."

5년 넘게 하루도 빠지지 않고 이어온 H의 상쾌한 아침 풍경이다. 부지런하고 열정적이게 시간을 활용하고 하루를 보내는 덕분에 H의 점포는 오랜 단골들의 사랑을 받으며 승승장구하고 있다.

넘치는 것보단 모자란 것이 낫다는 말처럼 모든 여건이 과하다 싶을 정도로 잘 갖춰지면 내 안의 의지와 열정이 샘솟을 자리가 없다. "나를 죽이지 않는 역경은 나를 키운다"라는 니체의 말처럼 적당한 역경과 부족함은 오히려 내 안의 의지와 열정을 끌어내는 약으로 쓰인다.

물론 모든 것이 마음먹기 나름이고 하기 나름이기에 정답은 없다. 대신 본인의 성향이 풍족하고 편하면 느슨해지고 흐트러지기 쉽다는 판단이 든다면 집과 사업장에 거리를 두어 적당한 긴장감을 유지하고, 필요하다면 출근길에 반드시 해야 하는 일들을 루틴화해서 시간을 타이트하게 활용하는 것이 좋다.

Key Point!

- ☐ 편한 것만 추구하다가는 몸도 마음도 늘어지기 마련이다.
- ☐ 의지가 부족하다면 강제장치를 마련하라.
- ☐ 적당한 역경과 부족함이 내 안의 의지와 열정을 끌어낸다.

건강한 창업전략_
마음의 밸런스를 유지하라

흥하면 내 덕이고 망하면 고객 탓?

#진상사장 #모르쇠 #고객핑계대지마라

몇 년 전 일이다. 인터넷 쇼핑몰에서 주문한 제품 중 하나가 덜 와서 판매자에게 전화해서 상황을 설명했다. 그런데 판매자는 대뜸 "우리는 제품을 보낼 때 모두 꼼꼼하게 확인하고 보냅니다"라며, 혹시 내가 거짓말을 하는 것은 아닌지 의심하는 듯한 말을 하는 것이다. 황당했다. 제품을 고르고 주문하고 배송을 기다리던 나의 시간과 수고가 허무하게 사라진 것도 화가 나는데, '고객 네가 거짓말을 하는 게 아니냐?'라는 의심의 말이나 듣다니! 물론 판매자는 마지못해 형식적인 사과와 빠트린 제품을 추가로 보내주긴 했다.

"정말 죄송합니다. 많이 놀라고 속상하셨겠어요. 최대한 신속하게 재배송해드리고 앞으로는 더 꼼꼼히 점검해서 보내드리겠습니다. 불편하게 해드린 점 다시 한번 사과드립니다."

만약 판매자가 이처럼 이야기했다면 나는 웃으면서 "그럴 수도 있죠. 네 감사합니다."로 훈훈하게 마무리하고, 그 업체를 블랙리스트가 아닌 찜 목록에 곱게 넣어두었을 것이다. 그러나 안타깝게도 그 업체는 손해를 안 보려 고객에게 책임을 떠넘기는 어리석은 대응 때문에 눈앞의 고객도 놓치고, 그 고객이 입소문으로 데려올 더 많은 고객까지 놓치게 되었다.

많은 기업이 고객에게 만족을 넘어 감동까지 주려 애쓰지만 정작 현실에선 크고 작은 마찰이 일어나기 마련이다. 제품과 서비스의 품질에 최선을 다한다지만 100% 완벽하기란 힘들기에 실수나 결함은 있을 수 있다. 문제는 이러한 실수와 결함이 발생했을 때 기업이 어떤 태도를 보이는가에 따라 고객을 환하게 웃게 할 수도 분노하게 할 수도 있다는 점이다.

"흥하면 내 덕, 망하면 고객 탓"

이름만 대면 알만한 대기업 중에도 고객과의 문제 발생에 있어 성숙하지 못한 태도를 보이는 곳도 더러 있다. 판매하는 제품이나 서비스에 결함이 있음에도 문제를 해결하고 책임지기는커녕 모르쇠로 일관하거나 "우리는 아무 잘못 없다."라며 오리발을 내밀기도 하고, 심지어 "그것은 고객의 잘못이다."라며 적반하장의 태도를 보이기도 한다.

"한국 운전자의 운전 습관과 교통 상황이 화재사건의 원인일 수 있다."

세계적인 프리미엄 자동차 기업인 BMW는 지난 몇 년간 연이어 발생한 자동차 화재 사고의 원인을 소비자에게 떠넘기려는 태도를 보여 논란을 사기도 했다. BMW는 조사를 통해 배기가스 재순환장치EGR의 균열로 인해 냉각수가 새어 나오면 그 침전물 때문에 불이

날 수 있다는 결과를 발표하면서, '주행거리가 많고 평소 과속하는 운전 습관' 등이 화재를 유발할 수 있다는 황당한 주장을 했다. 그러나 민관합동조사단의 조사 결과 BMW의 주장과는 달리 제작사의 설계 결함이 화재의 원인인 것으로 밝혀졌고, 결국 10만여 대의 자동차가 리콜 대상이 됐다.

  비싼 돈을 주고 산 자동차가 '불자동차'로 불리며 위협의 대상이 된 것도 속상하고 불안한데 화재의 원인을 자체 결함으로 인정하지 않고 운전 습관을 문제 삼으며 소비자에게 떠넘기다니! 심지어 BMW 측은 자동차의 설계 결함이 화재의 원인임을 인정하지 않고 피해 소비자들과 오랜 법정공방까지 벌이고 있다. 그들이 지키려는 것이 자존심인지 돈인지는 알 수 없으나 '세계적인 프리미엄 자동차 기업'이라는 이름값도 못 하는 못난 모습에 영영 등을 돌려버린 소비자가 어디 한둘일까.

  이렇듯 제아무리 글로벌기업이라 할지라도 고객을 기만하는 비양심적 태도를 보인다면 브랜드 이미지의 추락과 소비자의 불신은 피할 수 없다. 게다가 소상공인의 경우엔 더했으면 더했지 결코 덜하지 않다. 동네 흔한 가게 중 하나인 소상공인은 고객의 발길이 끊어지면 그대로 문을 닫아야 한다. 대체할 가게들이 널려 있는데, 굳이 비양심적이고 몰상식한 가게에 매상을 올려줄 너그러운 고객은 흔치 않다.

  나는 20년 가까이 한 분야에서 일하며 많은 창업자를 만나고 상담해왔다. 덕분에 10분 정도만 이야기를 나눠봐도 그 사람의 성향이 보이고, 사업의 성공 여부도 가늠할 수 있다. 몇 년 전, 수도권의 신도시에 새로 창업한 한정식집에 포스시스템 설치를 위해 상담을 갔을 때의 일이다. 한정식집 대표인 R은 온화하고 젠틀한 외모와는 달리 사업에 대한 냉철한 시각이 부족했다.

"성공 요인이요? 그런 게 어딨어요. 내가 하면 다 잘 되는 거지!"

서울 종로에서 음식점을 운영하면서 제법 큰 인기를 끌었다는 그는 새로 창업한 한정식집의 성공에 대해서도 확신하고 있었다. 그런데 성공 요인의 정확한 분석 없이 그저 본인이 하면 뭐든 다 잘된다는 식이었다. 자신감이 없는 것보다야 낫지만 근거 없는 막무가내식의 자신감은 오히려 독이 될 수 있기에 염려가 됐.

R처럼 창업의 경험이 있는 사람의 경우, 성패와 무관하게 그 이유를 분명하게 아는 것과 모르는 것의 차이가 크다. 이전의 창업에서 성공의 경험이 있다면 왜 성공했는지, 실패했다면 왜 실패했는지 그 이유를 분명하게 알아야 새로운 창업에 좋은 약으로 쓸 수 있다. 즉, '목이 좋았다', '박리다매 전략이 효과가 있었다', '직장인을 위한 1인 메뉴 개발 전략이 잘 통했다'와 같이 성공의 포인트가 무엇인지 정확히 알아야 한다. R처럼 그저 자신이 잘나서 성공한 줄 아는 사람은 새로운 창업에서도 독불장군식의 경영을 할 위험이 크다.

아니나 다를까. 나의 예상대로 R의 한정식집 매출은 초반에 잠깐 반짝한 후 계속 떨어졌다. 그 때문인지 개업 후 4개월이 지나던 시점에 다시 그곳을 방문했을 때 R의 온화한 미소는 온데간데없이 사라지고 얼굴엔 온통 짜증만 묻어있었다.

음식점은 대부분 개업 효과와 홍보에 힘입어 3개월까지는 매출이 꽤 좋다. 그런데 3개월이 지나면서부터는 음식의 맛이나 서비스, 가격 등으로 인한 근본적인 평가가 매출에 그대로 드러난다. 그 시기를 맞아 매출의 급격한 하락을 맛보고 있었던 R은 나를 보자마자 고객들에 대한 불평과 불만을 쉴 새 없이 쏟아냈다.

"이 동네 유모차부대들은 정말 답이 없어요. 아줌마들이 전부 유모차를 끌고 와서는 매장 안에 떡하니 세워놓고 통행을 방해하질 않나, 애들이 여기저기 뛰어다니며 난장을 치는데도 본인들은 깔깔

대며 수다만 떨지 않나. 얼마나 무례하고 무식한지. 기껏 밥 몇 그릇 시켜놓곤 사람 혼을 쏙 빼놓는다니까요."

R의 불만에 공감이 가면서도 정작 아무런 대책도 없이 불평만 쏟아내는 모습이 답답했다. 식당 입구에 '공간이 협소하니 유모차는 밖에 두시라', '1인 1메뉴를 주문 부탁드린다', '아이들이 식당에서 뛰는 것을 통제 부탁드린다'와 같이 안내 문구를 써두고 적극적으로 홍보하면 큰 마찰은 피할 수 있는 일을 그저 짜증만 내니 자꾸 문제가 커졌다.

개업 초반에는 어떻게든 손님을 끌려고 이것저것 다 된다고 해놓고는 손님이 많아지니 자기 위주의 잣대로 짜증을 내고 말다툼까지 했다. 이런 R의 이중적인 태도에 실망한 손님들이 하나둘 발길을 끊었고, 매출이 줄자 R의 짜증도 커져만 갔다. 게다가 지역의 맘 카페에서 R의 일관성 없는 태도와 불친절에 대해 글이 올라오자 R이 일일이 맞대응하며 사태가 걷잡을 수 없을 정도로 커졌고, 급기야 폐업까지 이르게 되었다.

상권에 대한 냉철한 분석과 그에 따른 전략도 없이 본인만의 자아도취에 빠져서 막무가내식으로 운영하다가 결국 손님과 싸우고 모든 것을 손님 탓으로 돌린다면 누가 그 가게에 가고 싶을까.

소규모 장사이든 큰 규모의 사업이든 흥하는 데는 다 그만한 이유가 있고 망하는 데도 다 그럴 만한 이유가 있다. 이런 '원인'에 대한 정확한 분석 없이 그저 운이 좋았다, 내가 하면 다 잘 된다, 고객이 문제다,와 같이 막무가내식의 태도를 보이면 R과 같은 결과를 피할 수 없다. 더군다나 잘 되는 것은 모두 내 덕이고, 못 되는 것은 모두 고객 탓이라는 황당한 논리라면 폐업의 시기는 더 앞당겨진다.

우리 가게에 유독 진상 고객들이 많이 온다는 생각이 든다면 먼저 본인에 대한 냉철한 분석과 성찰이 우선되어야 한다. 내가 무엇을 놓치고 있는지, 내가 무엇을 잘못하고 있는지를 알아야 올바른 방향을 잡을 수 있다. 진상 고객을 탓하기 이전에 먼저 내가 진상 사장은 아닌지부터 반성해보아야 한다. 무엇이 잘못인지 알면 고치면 되지만 무엇이 잘못인지 모른다면 답이 없다.

 **Key Point!**

- 내가 하면 다 잘된다는 자만은 독이다.
- 흥하는 것은 고객 덕이고 망하는 것은 내 탓이다.
- 무엇이 잘못인지를 알아야 고칠 수 있다.

모니터링, 고집 꺾는 특효약

#자기맹신의함정 #프랜차이즈가맹점

"당신의 회사가 성공할 확률이 얼마나 된다고 예상하나요?"

심리학자 대니엘 카너먼Daniel Kahneman이 미국의 중소기업 대표들에게 물었다. 응답자의 81%가 자신의 성공률을 70%라고 답했다. 심지어 응답자의 33%가 자신이 절대 실패하지 않는다고 단언하기도 했다. 넘치는 자신감에 우선 박수부터 보내지만 안타깝게도 현실은 바람과 다르다. 조사 결과, 미국 중소기업이 5년 이상 생존할 확률은 35% 정도에 그쳤다. 창업은 이처럼 이상과 현실의 괴리가 극명한 분야이기에 성공에 대한 맹신은 금물이다.

나는 창업자들에게 늘 긍정적으로 생각하며 자신감을 가지라고 말하지만, 근거 없는 확신이나 지나친 자기 맹신은 실패에 대한 불안감만 못하다고도 조언한다. 자신의 능력을 실제보다 넘치게 평가하고 확신해서 "나는 무조건 옳다! 내가 하는 일은 무조건 성공한다!"라는 맹신은 현실을 객관적으로 바라볼 수 없게 만든다. 그 결과, 다가올 미래조차도 잘못 예측하게 만든다. 전문가들은 이를 두고 '과신 효과overconfidence effect' 또는 '착각적 우월성 효과illusory superiority effect'라고 하며, 자신의 능력에 대한 맹신이나 지나치게 낙관적인 미래 예측은 현재의 역경을 별것 아닌 것으로 과소평가할 위험이 크다고 경고한다.

제아무리 아름답고 탐스러운 꽃과 열매도 그 뿌리는 흙에 있음을 기억한다면, 우선 건강한 흙을 만드는 것에 집중해야 한다. 그럼에도 앞선 통계에서도 알 수 있듯이 많은 창업가가 자신의 현실을 냉철하게 바라보며 객관적인 시각을 유지하는 것에 서툴다. 이런 이유로 나는 창업컨설팅을 할 때 모니터링의 중요성을 항상 강조한다.

"누워서 침 뱉는 자체 모니터링의 맹점"

창업 초창기, 그리고 업을 이어가는 중간지점에서의 모니터링은 무척이나 중요하다. 특히나 "나는 무조건 옳다! 내가 하는 일은 무조건 성공한다!"라며 자기 과신에 빠진 고집 센 창업자의 경우에 모니터링은 고집을 꺾는 특효약으로 작용하기도 한다. 물론 몸이 아파도 약을 먹지 않고 혼자 끙끙 앓는 사람이 있듯이, 창업할 때도 지나치게 고집이 센 사람은 그 어떤 명약도 통하지 않는다.

일반적으로 모니터링이란, 모니터링 전담자가 '고객이 상품의 구매나 서비스의 이용을 위해 예약하고, 매장을 방문하고, 해당 상품이나 서비스를 구매하는 등 그 매장의 주 시스템을 이용한 후 그 매장을 나가기까지의 모든 행위'를 요약해서 점수로 수치화하고 피드백을 주는 것을 말한다.

프랜차이즈 기업에서는 각 가맹점의 제품이나 서비스 등의 만족도 및 개선점 등을 조사하기 위해서 모니터링을 한다. 그런데 모든 프랜차이즈 기업이 모니터링을 하는 것은 아니다. 서비스나 품질 향상에 관심이 없는 프랜차이즈 기업은 모니터링의 필요성에 대해 전혀 인식하지 못한다. 반면, 더 큰 성장과 발전을 바라는 프랜차이즈 기업의 경우, 고객 만족을 위한 제품 및 서비스의 모니터링은 매우 중요한 업무 중 하나이다. 모니터링의 결과를 바탕으로 개선점을 찾고, 우수매장을 시상하거나 우수사례로 활용하기도 하며, 잘 지켜지지 않을 시에는 가맹점 계약을 해지하기도 한다.

7년 전쯤 치킨으로 유명한 K 프랜차이즈 기업에서 컨설팅 의뢰가 들어왔다. 당시 이 브랜드는 체질개선을 위해 새로 본부장까지 영입한 상황이었는데, 다행히 그분은 해당 브랜드의 문제점과 개선 방향을 정확하게 알고 있었다.

모든 일이 그렇듯 제대로 체질을 바꾸려면 그만한 시간과 돈이 필요했다. 2002년 월드컵 때 히딩크 감독을 선임한 우리나라는 4강까지 오르는 기적을 이뤄냈다. 당시 우리나라는 학연, 지연, 인맥 등을 모두 내려놓고 새로운 외국인 감독을 영입했고, 그에게 전권을 주다시피 했다. 이에 히딩크 감독은 객관적이고 냉철한 시각으로 우리 팀의 장·단점을 평가하고 그것을 토대로 개선점을 내놓았다. 그리고 해당 관계자들과 열띤 회의를 한 후 훈련에 적용하고, 문제점을 찾아 다시 수정하는 등의 과정을 반복하며 한국 팀의 실력을 최고 수준으로 발전시켰다. 4강의 기적에는 약간의 운이 따랐을지도 모르나, 그 시스템만은 누구도 이견이 없을 만큼 훌륭했다.

안타깝게도 기업은 축구경기와 다르다. 브랜드의 체질을 바꾸기 위해 적지 않은 돈과 시간을 투자하고 기다리며 시스템을 바꾸는 회사는 드물다. 더군다나 대부분이 이미 오랜 기간 거래를 유지해

본인이 노력해서 준비한 결과물에 대해 나쁘게 평가할 수 있겠는가? 다수의 전문자격을 갖춘 타인에게 평가받아서 장점은 더욱 살리고, 단점은 개선하는 것이 가장 합리적일 수 있다.

오던 지정된 거래업체 및 협력업체가 있으며, 기존의 업무 패턴과 시스템이 있기에 이 부분을 건드리는 것은 상당히 민감한 일이다. 그럼에도 K 프랜차이즈 기업의 J 본부장은 마치 본인이 히딩크라도 된 듯이 처음부터 강력하게 선전포고를 했다.

"회사의 미래를 위해서는 당장 마케팅이나 레시피 개발에 힘쓰기보다 우리가 어느 정도 위치에 있는지부터 알아야 합니다."

 맞는 말이었다. 더 나은 미래를 위해서는 현재의 위치를 정확히 파악하는 것이 최우선이다. 아쉽게도 많은 기업이, 대다수의 자영업자가 이런 부분을 간과하곤 한다. 게다가 대부분의 프랜차이즈 기업은 외부의 전문업체에 의한 객관적 모니터링을 반대하는 경우가 많다. 기업 내부 인력으로도 충분히 가능한 일을 뭣 하러 비용을 들여가며 외부에 의뢰하느냐는 생각이다. 그런데 제아무리 내부 인력이 많아도 자체 모니터링은 '객관성'에 있어 그 한계가 분명히 드러난다. 팔은 안으로 굽는다는 말처럼 아주 큰 문제가 드러나지 않는 이상 웬만한 일은 덮으려는 경향이 강하다.

 군대에서 현장의 잡다한 일들은 이등병에게 다 시키듯이, 기업에서도 윗사람들은 현장을 직접 가보지 않는다. 결국 슈퍼바이저가 조사해놓은 것들을 토대로 윗사람은 판단만 한다. 그런데 슈퍼바이저는 가맹점 점검을 하며 완벽하게 객관적인 태도를 유지할 수 없다. 생각해보라. 나쁜 평가를 한다는 것은 본인이 그동안 일을 제대로 안 했다고 시인하는 격인데, 그게 가능하겠는가. 또 본인이 관리하는 매장의 가맹점주를 깎아내리는 일이니 마음도 편치 않다. 그 결과, 대부분은 적정선에서 좋게 마무리하는 경우가 허다하다.

 이러한 자체 모니터링의 맹점을 잘 알고 있던 J 본부장은 과감히 외부에 모니터링을 의뢰했다. 그리고 그 결과에 따른 단호한 대처를 계획했다. 만약 잘못된 부분이 나타난다면 문책성 인사를 계획하고, 또 기대 이상으로 잘된 부분이 있다면 내부승진을 계획하고 있었다. 이로써 해당 조직을 더 강력하게 이끌려 한 것이다.

"필요하다면 초강수도"

J 본부장이 우리 회사에 가장 먼저 의뢰한 것은 모든 점포의 현재 상황을 정확히 모니터링하는 일이었다. 현재의 회사구조에서 신메뉴를 추가하면 즉시 반영할 수 있는 가맹점이 몇 군데나 될지, 또 매장 내에서 청결하게 음식을 조리하는지, 직원들은 정해진 시간에 출근하는지, 회사에서 제공한 광고 포스터는 잘 붙이는지 등등 모든 가맹점이 본사의 지시와 지원을 잘 따르고 활용하는지를 세세히 살피는 것이다.

프랜차이즈 본사에서 제아무리 훌륭한 레시피를 제공하고 서비스 매뉴얼을 만들어도 가맹점이 적극적으로 따르지 않으면 아무 소용이 없다. 어렵사리 유명 연예인을 섭외하고 많은 돈을 들여 광고 포스터를 만들어도 눈에 잘 띄는 곳에 부착해 적극적으로 활용하지 않으면 무용지물이다. 최고의 명문 학교, 명문 학원에 다니지만 정작 수업시간엔 딴생각만 하고 있다면 학생은 바라던 결과를 얻을 수 없다. 모니터링 결과, 이 브랜드가 딱 그랬다.

대도시의 번화가에 자리한 매장들은 나름대로 본사의 지침을 잘 따르고 있었으나 지방의 외곽지역에 있는 가맹점들은 본사의 정체성을 무너뜨릴 정도로 허술한 점이 한두 개가 아니었다. 그중 한 곳은 가히 충격적이었다. 분명 간판은 해당 프랜차이즈의 가맹점이었으나 내부는 온갖 잡다한 음식을 파는 식당이 되어있었다. 치킨 프랜차이즈 가맹점임에도 불구하고, 치킨 메뉴 외에 삼계탕, 보신탕, 잔치국수 등 여러 메뉴가 적혀 있었고, 실제로 판매까지 하고 있었다. 삼계탕은 닭을 재료로 만드는 음식이니 그렇다 쳐도 보신탕은 무엇인가! 상상조차 할 수 없던 일이 눈앞에서 벌어지고 있었다.

　문제는 그뿐만이 아니었다. 전기세를 아끼느라 저녁 시간이 되어도 아예 간판에 불을 켜지 않았다. 게다가 포장도 본사의 지침을 따르지 않았다. 본사에서 제공된 네모난 상자에 치킨을 넣고 콜라를 함께 꽂아서 포장해야 하는데, 점주는 치킨을 노란 종이봉투에 넣어서 포장해주었다.

　해당 점주는 프랜차이즈에 대한 인식이 전혀 없는 사람이었다. 매출을 더 올리고 싶은 마음에 메뉴를 이것저것 잡다하게 늘리고, 비용을 아껴보려 그리했겠으나 결과적으론 점주 스스로가 점포를 망치고 있었다. 나는 이 매장을 폐점해야 한다고 의견을 냈다. 만약 개선의 기회를 주고자 한다면 슈퍼바이저가 아닌 J 본부장이 직접 방문해서 강력하게 지시하고 시정 요구를 해야 한다고 했다. 일반적인 수준에서의 시정 지시는 아예 먹히지 않을 것이 뻔했다.

　다행히 일은 빠르게 진행되었다. 나는 J 본부장의 권한을 위임받은 담당 팀장과 함께 해당 매장을 다시 방문해 점주에게 사태의 심각성에 관해 얘기했다. 그러나 60대 중반의 고집 센 점주는 사태파악을 하지 못했고, '내 가게를 내 마음대로 하는데 그게 도대체 뭐가 문제인가?'라고 생각했다. 말이 통하지 않는 데다 완고하기까지 해서 더는 설명이나 설득이 의미가 없을 듯했다. 할 수 없이 우리는 '계약해지'라는 초강수를 두었다. 프랜차이즈 본사로선 서울의 최고 상권에 있든 시골의 외곽에 있든 상관없이 가맹점 하나하나가 모두 그들의 얼굴이다. 물론 고객 역시 우리 동네 **치킨 가맹점을 보면서 전국의 **치킨 가맹점을 평가하고, 나아가 그 기업까지 평가한다. 그러니 못난 하나를 버림으로써 전체를 지켜내는 것이 본사로선 최선의 방책인 셈이다.

예상대로 점주는 발끈했다. 그리곤 '내 가게는 내가 제일 잘 안다, 이 동네는 내가 제일 잘 안다'라며 잘못된 창업자들이 흔히 하는 빤한 말만 했다.
　"사장님, 제가 ** 프랜차이즈 전국지점 평가하는 업체의 대표입니다. 평가 결과, 사장님의 매장이 전국 꼴찌입니다. 듣기 싫으셔도 전국 꼴찌인 것은 꼭 얘기해야겠습니다!"
　계약해지를 하면 일은 간단히 끝나겠지만 그러기엔 점주의 열정도 안타까웠다. 나는 점주가 현실을 직시할 수 있도록 객관적인 모니터링 평가의 결과와 원인까지 세세히 말해주었다. 그 표현이 얼마나 생생했던지 점주는 듣는 내내 할 말을 잃은 표정이었다. 계속 고집을 부린다면 가맹점 계약을 파기한다는 말이 괜한 으름장이 아니란 것도 느끼는 듯했다.
"그래서 내가 어떻게 하면 되는 거요?"
　점주는 마침내 고집을 꺾고 백기를 들었다. 못난 자식도 자식이기에 최대한 품어보려는 본사의 진심이 통한 것인지, 폐점이라는 초강수가 통한 것인지는 알 수 없으나 다행히 점주는 적극적으로 본사의 지침을 따랐다. 메뉴도 잡다한 것들을 모두 정리하고 프랜차이즈 본사에서 제공되는 것만 팔았고, 간판도 새로 제작했다. 그리고 상품의 포장도 본사의 지침대로 따랐고, 시정해놓은 시간에 간판의 불도 켰다. 이런 변화의 노력 덕분에 해당 매장은 서서히 매출이 증가했고, 3개월이 지날 즈음부터는 확연하게 늘어나 모니터링의 힘을 제대로 증명해냈다.
　나만의 기준으로 열정을 쏟다 보면 잘하는 것인지 못하는 것인지의 기준조차 없이 그저 열심히 내달리기만 하는 상황이 벌어진다. 이때 필요한 것이 모니터링이다. 모니터링이란 내가 현재 사업을 제대로 하고 있는지를 객관적 절차와 기준에 의해 되돌아보는 작업이다. 이 작업을 통해 그동안 놓쳤던 것과 잘못된 것을 찾고, 그것을 개선할 방향을 잡을 수 있다. 7년 전 위기에 놓였던 K 프랜차이즈 기업 또한 모니터링을 통해 가맹점의 문제점을 찾아내고 개선했으며, 현재 전 국민이 알 만한 유명 치킨 브랜드로 성장했다. 당시의 모니터링 작업이 그 브랜드를 살려냈다고 할 순 없으나 적어도 변화와 성장의 시초가 되었음은 분명하다.

창업자에게 자신을 돌아보는 시간만큼 소중한 것은 없다. 열심히 잘하고 있으나 성과가 만족스럽지 못하다면 정말 '열심히', '잘' 하고 있는지 살펴보아야 한다. 흔히들 "성공하려면 앞만 보고 달려라"라고 말하지만, 그것은 혼자만의 경기일 때 유효한 법칙이다. 경쟁 상대가 있고, 함께 달리는 동료가 있고, 무엇보다 고객의 선택으로 성패가 갈리는 운명이라면 객관적인 시각으로 자신의 매장을 점검할 필요가 있다. 전문 기업에 모니터링을 의뢰하는 것이 여의치 않다면 타인에게 매장에 관한 객관적인 의견을 요청하거나 본인 스스로 객관적이고 분명한 기준을 토대로 매장을 발전시켜 나가는 것도 좋다. 어떤 방식이든, 편협한 나의 시선에서 벗어나 타인의 객관적인 시선으로 나의 매장을 세세히 점검하는 열린 마음과 태도를 유지하는 것이 중요하다.

Key Point!

☐ 프랜차이즈, 못난 가맹점 하나가 전체를 망친다.
☐ '열심히' 하되 올바른 방향으로 '잘' 해야 한다.
☐ 객관적 시각으로 내 매장을 평가하라.

폐업의 기술

#지는게임은포기가답 #늦기전에지금 #아름다운폐업

"늦었다고 생각할 때가 정말 너무 늦은 때다."

개그맨 박명수 씨가 한 이 말은, 그동안 '늦었다고 생각할 때가 가장 빠른 때다.'라는 말로 서로를 위로해왔던 우리에게 강한 현타現 time를 준다. 물론 박명수 씨는 "그러니 늦었다고 생각하기 전에, 바로 지금 실행하라."라는 메시지도 함께 전한다.

많은 자영업자를 컨설팅하다 보면 말장난 같은 이 말에 종종 고개 끄덕이게 된다. 창업 후 바라던 성공과 점점 멀어지는 것을 알면서도 쉽사리 폐업을 결정하지 못하는 분들이 많다. 그간 쏟아부은 돈과 시간과 열정이 너무나 아깝기 때문이다. 그 마음을 충분히 이해하지만, 그럼에도 나는 더 늦기 전에 단호히 결단하길 조언한다.

나는 한 달에 20~30명의 창업자를 상담한다. 그런데 이 중 70% 정도는 폐업 후 업종의 전환을 하려는 분들이다. 지난 16년 동안 다양한 업종의 포스시스템 구축과 창업컨설팅을 해오면서 1년에 대략 240명 정도가 폐업하는 것을 가까이서 지켜보았으니 총 3,800여 명의 폐업자를 본 셈이다. 그들 모두가 각자의 사연과 아픔이 있겠으나 대부분 사업이 너무 힘들어져서 눈물을 머금고 폐업을 결정하는 경우이다. 개중에는 무료함을 달래려 취미 삼아 창업하거나, 직장생활과 병행할 부업으로 창업한 이도 있으나 돈과 시간이 투자된 일이다 보니 폐업이 즐겁고 행복한 사람은 아무도 없다.

폐업은 가슴 아프지만 결코 인생의 폐업이 아니기에 절망이 아닌 희망을 바라보아야 한다. 그리고 남은 자본과 에너지로 최고의 효과를 내도록 계획을 세워서 폐업해야 한다. 그동안 폐업의 과정을 함께한 분 중에 무척 이상적인 과정을 통해 슬기롭게 위기를 헤쳐 나온 분이 있다. 30년 동안 직장생활을 했던 M은 은퇴 후 퇴직금으로 프랜차이즈 고깃집을 창업했다. 기왕 하는 것이니 장사가 잘되도록 상권도 A급으로, 평수도 크게 하고, 손님이 몰릴 때를 대비해 직원도 여유 있게 뽑았다.

호기로운 시작이 무색할 정도로 M은 4개월을 넘기지 못하고 폐

 누구나 실패할 수 있다. 상황에 맞는 적절한 폐업은 적자를 줄여주는 합리적인 방법일 뿐만 아니라 이를 반면교사 삼아 성공의 밑거름이 되기도 한다.

업을 결심한다. 월평균 매출이 애초에 프랜차이즈 본사가 예측해준 것의 절반도 안 돼 임대료와 직원들 월급 등 고정지출을 제하고 나면 별다른 수익이 없었기 때문이다.

너무 섣부른 결정이 아닌가 하겠으나 나는 M의 과감한 결단에 고개를 끄덕여주었다. 외식업의 매출 움직임을 주식 그래프처럼 표현해보면, 제로에서 시작하여 3개월까지는 오르락내리락을 반복하다가 이후로는 대부분 안정된 흐름을 보인다. 코로나 사태와 같은 아주 큰 외부적 요인이나 개인적 사정으로 휴업하는 등의 특별한 경우가 아니고서는 큰 변동이 없다. 입소문이나 마케팅이 뒷받침되어도 순식간에 큰 매출 상승이 일어나는 경우는 드물다. 일반적으로 매출은 단계적으로 올라가고, 단계적으로 내려간다. 따라서 이미 4개월 정도의 영업 기간을 지난 N의 점포는 큰 이변이 없는 한 그간의 매출 수준을 크게 벗어날 수 없었다.

창업자들은 보통 이런 경우, 다양한 시도를 하면서 매출 상승을 꾀한다. 홍보용 전단지를 만들어 거리에 뿌리고 할인 이벤트나 서비스 상품을 제공한다. 그래도 매출이 오르지 않으면 직원을 줄여 인건비라도 아껴보려 한다. 당연한 노력처럼 보이지만 이런 노력이 통하는 곳이 있고 통하지 않는 곳이 있다. 기본적인 것들이 뒷받침될 때는 부족한 부분을 하나씩 보완하면 성과로 이어질 수 있으나 기본조차 갖춰지지 않은 상태에선 대부분 헛수고가 되고 만다

"포기하지 마라. 끝까지 노력해라. 그러면 바라던 성공을 얻는다."라는 것이 우리가 일반적으로 알고 있는 성공공식이다. 그런데 오히려 반대로 "포기는 빠를수록 좋다."는 말이 오히려 성공공식이 되는 경우가 있다. 바로 M의 점포처럼 노력과 결실의 셈이 애초에 잘못된 경우이다. M이 창업한 곳은 A급 상권답게 권리금과 임차료가 무척 높았다. 게다가 주위에 크고 작은 고깃집이 즐비한 데다 맛집

으로 소문난 음식점도 많았다. 이런 살벌한 경쟁환경에서 살아남기엔 M이 선택한 프랜차이즈의 고기와 음식 맛은 너무나 평범했고, 가격도 비쌌다. 어떤 노력을 해도 이길 수 없는 게임임을 깨달은 M은 더 큰 손해를 입기 전에 폐업을 결정했다.

"지는 게임은 하지 않는다"

목적지로 향하다가 잘못된 길로 접어들었을 땐 어떻게 해야 할까? 답은 하나다. 곧장 그곳을 벗어나야 한다. 틀렸다는 것을 알면서 지금껏 온 길이 아깝다며 미련스레 이어가서는 안 된다. 물론 황급히 돌아 나오느라 또다시 길을 헤매서도 안 된다. 엉뚱한 길로 가느라 시간과 에너지를 허비한 것은 아까우나 목적지까지 무사히 가려면 미련 갖지 말고, 당황하지 말고 씩씩하게 '잘' 빠져나와야 한다.

돈과 시간, 열정까지 쏟아부으며 꿈에 부풀었던 창업자들에겐 너무나 냉정한 말일지 몰라도, 처음부터 지는 게임을 시작했다면 피해가 더 커지기 전에 항복하고 게임을 빠져나와야 한다. 창업할 때 추진력이 필요하다면 폐업을 결정할 땐 단호함이 필요하다. 그간 입은 손해보다 더 큰 손해가 발생하지 않도록 하는 것도 창업자의 훌륭한 능력이다.

M은 폐업을 결심한 후 곧장 영업을 멈추고 문을 닫았다. 영업하면 할수록 손해가 나는 구조이니 지출을 월세로 최소화한 후 매장을 인수할 사람을 찾기 시작했다. M은 이 기간을 대략 3개월 정도로 예상했고, 월세도 창업 시 준비해놓은 예비비에서 지출한다고 마음먹었다. 상가전용 부동산은 물론이고 여러 다양한 채널을 통해 새롭게 매장을 운영할 사람을 찾았는데, 다행히 오래 걸리지 않아 새로운 인수자가 나타났다.

M은 새로운 인수자에게 솔직하게 자신의 상황을 설명하며 다른 콘셉트로 매장을 운영할 것을 제안했다. 초기창업비용의 약 65% 정도만 회수했지만 그는 미련이 없어 보였다. 오히려 더 큰 실패를 맛보기 전에 그나마 이쯤에서 잘 마무리해서 다행이라고 생각했다.

"조금 쉬었다가 다시 재창업을 할 겁니다. 좋은 경험을 했으니 이제는 정말 잘 준비해서 할 수 있을 것 같습니다."

이후 M은 나에게 창업컨설팅을 받으며 무인 세탁전문점을 창업했고, 기대 이상의 성과를 거두며 3호점까지 개설했다. 실패를 교훈 삼아 리스크를 최소화하는 업종을 선택하고 치밀하리만큼 세세한 계획을 세워 창업을 진행한 덕분이다. 그리고 무엇보다 자신의 선택이 틀렸다는 것을 깨달았을 때 미련 없이 돌아설 수 있었던 단호함과 다시 도전할 수 있도록 긍정적인 태도를 잃지 않았던 것이 성공을 이끈 큰 힘이 되어 주었다.

인생이 목표와 성공을 향해 직진만 할 수 있다면 더없이 좋겠으나 다들 여러 굴곡을 지나며 성공과 만난다. 그 안에서 작은 내리막을 간다고 평생 내리막은 아니다. 다시 기회가 있다고 믿으며 또다시 새로운 삶을 기획하면 된다. 그러니 한두 번의 실패쯤은 값진 경험이라 여기며 잘 이겨내는 지혜가 필요하다. 성공과 성취를 거둬낸 사람 중에 내리막을 경험하지 않은 사람은 아무도 없다.

Key Point!

- 기본이 갖춰지지 않은 창업은 실패의 위험이 크며, 이후의 노력 또한 손실만 더할 뿐이다.
- 늦었다고 생각할 때가 진짜 늦은 것이고, 이미 진 게임은 아무리 발버둥 쳐도 진 거다.
- 창업할 때 추진력이 필요하다면 폐업을 결정할 땐 단호함이 필요하다.

아름다운 동행을 위하여

#동업 #건강한파트너십 #인정보다비즈니스마인드

 비즈니스의 세계에는 '친한 사람일수록 동업은 하지 마라. 일도 망치고 사람도 잃는다.'라는 절대 원칙이 있다. 그만큼 '동업'은 창업에서 가장 금기시하는 것 중 하나이다. 자금이나 아이디어, 노동력이 부족한 경우 주로 친한 친구나 가족과 의기투합하여 공동창업을 하는 경우가 많다. 그런데 애초의 그림과는 달리 바라던 성과가 나오지 않거나 업무나 이익의 분배가 공정하지 않다고 여겨지면 서로 미워하고 원망하면서 끝나게 돼 결국 소중한 인연까지 잃는 상황이 벌어지기 때문이다.
 이러한 치명적인 단점에도 불구하고 여전히 동업하는 사람들은 있다. 특히 기술 기반의 스타트업의 경우 공동창업을 선호할 만큼 동업은 긍정적인 면도 많다. 혼자 창업하는 것보다 자본금이 더 많으니 좀 더 적극적인 도전을 할 수 있고, 다양한 아이디어로 생각의

가족의 지급되는 급여 또한 똑같은 인건비이다. 가족에게 무리한 요청은 상처가 될 수있다. 아름다운 동행이란 강요가 아닌 같은곳을 보고 걸어갈 때 생기는 것이다.

폭도 넓힐 수 있는 데다 성공을 향한 험난한 여정에서 서로 의지도 된다.

  미국의 스타트업 정보 플랫폼인 크런치베이스Crunchbase의 조사에 따르면 미국에서 1,000만 달러 이상의 투자금을 유치한 창업기업 중 2인 이상의 공동창업인 경우가 54.1%에 달했다고 한다. 실제로 동업을 통해 성공의 기반을 닦고 내로라하는 글로벌 기업으로 성장한 기업도 얼마든지 많다. 세계 최대 검색엔진인 구글도 래리 페이지와 세르게이 브린이 동업으로 창업하고 성공을 일군 기업이다. 마이크로소프트도 빌 게이츠와 폴 앨런이 공동으로 창업했고, 애플 역시 스티브 잡스와 워즈니악이 공동창업하여 성공한 대표적인 기업이다.

  국내 기업 중에도 성공적인 동업의 사례는 많다. 그중 하나가 삼천리그룹이다. 1955년 삼천리연탄기업사로 창립한 삼천리그룹은 이후 도시가스 공급과 화력 발전 등 에너지 사업 전문 기업으로 성장해 2020년 기준으로 재계서열 52위의 초우량기업이 되었다. 꾸준한 성장과 흑자행진을 이어오는 모습도 대단하지만, 무엇보다 동업으로 시작하여 70년 가까운 오랜 세월 동안 신의를 지키며 2대째 아름다운 동행을 이어오는 모습이 창업자들에게 좋은 본보기가 되고 있다.

  동업으로 연탄사업을 시작한 두 명의 선대 창업회장은 창업에 앞서 '누군가 먼저 세상을 뜨면 나머지 사람이 유족의 생계를 책임진다. 한 사람이라도 반대하면 중요한 의사결정을 할 수 없다. 투자비율이 달라도 순익은 반드시 절반씩 나눈다.'와 같은 서약을 하고 서약서도 작성했다. 이 서약은 두 창업회장이 고인이 되고, 2세 경영으로 이어진 현재까지도 철저히 지켜지고 있다. 혼자라면 힘들었을 일을 둘이었기에 이룰 수 있었음을 잘 알기에 오랜 세월 두 집안이 신의를 지키며 아름다운 동행을 이어오는 것이다.

"친분보다 건강한 파트너십이 중요"

  동업은 아름다운 동행이 될 때라야 비로소 그 가치를 발한다. 즉, 성공적인 동업을 위해서는 나의 이익이 아닌 우리의 이익을 생각하고 초심과 신의를 지키며 '함께' 나아가야 한다. 전문가들은 동업이 아름다운 동행으로 이어지도록 하려면 창업 이전에 역할분담, 이익배분율, 의사결정방식 등 동업과 관련한 세세한 원칙을 정하고 동업계약서를 작성할 것을 권한다.

  "우리가 남이가?"라며 보이지 않는 신의만을 내세우다가 괜히 돈도 잃고 사람까지 잃지 않으려면 전문가들의 조언처럼 동업의 세세한 원칙을 정하고 약정하여 초심을 유지하기 위한 강제장치를 마련해두는 것이 좋다. 아무리 친한 사람과의 동업이라도 비즈니스는 비즈니스 마인드로 접근하는 것이 가장 현명하고, 그 과정과 결과 또한 아름다울 수 있기 때문이다.

물론 계약서를 작성한다고 해서 모든 것이 완벽하게 지켜지는 것은 아니다. 그래서 계약서보다 더 우선되어야 할 것이 스스로의 마음가짐과 태도이다. 함께하는 사람들의 마음가짐과 태도가 동업의 성패를 결정짓는 중요한 요소인 만큼 '나' 개인의 욕심을 비우고 공동의 이익을 우선해야만 바라던 결과를 얻을 수 있다.

소상공인의 창업에서도 개인의 이익이 아닌 공동의 이익과 발전을 생각한다면 동업은 얼마든지 긍정적인 결과를 이끌 수 있다. 또 자본금의 공동 투자가 아니더라도 기술이나 노동력을 투자하는 동업에서도 '열정페이'가 아닌 수익과 성장으로 충분한 보상을 해준다면 진정한 윈-윈의 결과를 낳을 수 있다.

서울 근교 신도시에서 유명한 브런치 카페를 운영하는 J는 동생들과 함께 매장을 운영하는데, 수익에 대한 충분한 인정은 물론이고 동생들의 성장까지 돕고 있다. 창업 초기의 힘겨웠던 여정을 함께 지나오고, 마침내 카페의 규모가 커지자 J는 동생들에게 제과제빵, 파스타, 커피, 샌드위치 등 각 파트를 나눠 샵인샵 형태로 책임과 권한을 부여해주었다. 각자가 전문 셰프로 성장할 수 있도록 돕기 위해서다.

이렇듯 노력과 열정에 대한 충분한 인정과 보상, 그리고 역량의 성장까지 이끌어주니 동생들도 최선을 다해 J의 매장이 성장하고 성공할 수 있도록 도왔다. 게다가 J는 동생들이 전문 셰프와 경영인으로서의 역량이 준비되자 모두 제 분야에서 창업할 수 있도록 적극적으로 지원해주었다. 가족이라는 명분으로 헐값에 노동력을 확보하고, 가족이라는 명분으로 당연한 듯 느슨한 근무태도를 보이는 여느 가족 경영과 달리 너무나 모범적인 과정과 결과에 절로 박수가 나왔다.

　가족이니 서로 위해주고 챙겨주는 것은 당연하지 않냐고 할 수도 있다. 그런데 현실은 우리의 바람보다 훨씬 더 냉정하다. 실제 비즈니스 현장에선 가족이라는 이유로 '나'의 이익을 위해 배려와 희생을 강요하는 일도 적지 않다. "가족인데 어떻게 돈을 따지느냐"며 열정페이를 강요하고, "가족이니 이 정도쯤은 눈 감아달라"며 요행을 부리는 것을 당연하게 여기기도 한다. 이런 경우 대부분 바라던 성과도 얻지 못하고 인간관계까지 틀어지는 최악의 결과를 맞게 된다.

　성공적인 동업 사례들에서도 알 수 있듯이 동업은 단순히 돈과 기술, 노동력을 합한다는 생각을 넘어 '동행'의 마음가짐으로 임해야 한다. 성공을 향한 멀고도 험난한 여정에서 서로 신의를 지키고 시너지를 잘 발휘한다면 동업은 기대했던 것 이상의 더 큰 성과도 얼마든지 거둘 수 있다. 가족이든 친구이든, 비즈니스 관계에선 친분보다 건강한 파트너십이 100만 배는 더 중요하다.

Key Point!

- ☐ 동업은 비즈니스이다. 친구나 가족 등 친분에 기대어 양보와 희생을 강요하지 마라.
- ☐ 동업자는 진정한 윈-윈의 대상으로 인식해야 한다. 노동과 성과에 대한 합당한 보상은 물론이고, 비전을 심어주며 함께 성장해야 한다.
- ☐ 동업과 관련한 세세한 원칙을 정하고 동업계약서를 작성하라.

착한 프랜차이즈와 착한 점주가 만나면 성공을 끌어당긴다

#착한프랜차이즈선택 #착한점주되기 #시너지

예비창업자들의 큰 고민 중 하나가 개인 창업과 프랜차이즈 창업 중에 어떤 것을 선택할지에 관한 것이다. 내가 판매할 제품이나 서비스가 경쟁력이 있고 사업장 관리의 노하우도 있으며, 창의적인 아이디어가 샘솟는 사람은 굳이 로열티나 가맹수수료 등의 비용을 내면서까지 프랜차이즈의 도움을 받을 이유가 없을 것이다. 반면 제품이나 서비스 등에 나만의 경쟁력이 준비되지 않았거나 인테리어, 재료의 수급, 사업장 관리의 노하우, 마케팅 등에 자신이 없는 사람은 돈이 더 들더라도 프랜차이즈 본사의 도움을 받아 창업하는 것이 낫다고 판단할 것이다.

프랜차이즈 창업은 좀 더 수월하게 창업하고 사업장을 운영할 수 있다는 분명한 장점이 있지만 그에 못지않게 고충도 많다. 간판이나 인테리어를 정해진 주기마다 바꿔야 하는 곳도 있고, 수시로 재료나 로열티를 인상하는 곳도 있으며, 브랜드 홍보 등의 마케팅 비용을 가맹점에 떠넘기는 곳도 있다. 이러한 갑질 횡포를 당하지 않으려면 프랜차이즈 브랜드를 선택할 때 계약 내용을 꼼꼼히 살피고 여러 가맹점을 돌며 가맹 본사의 평판도 귀 기울여 들어보아야 한다.

갑질 횡포를 하지 않고 가맹점과 고객을 위한 노력을 아끼지 않는 착한 프랜차이즈를 선택하는 것만큼이나 중요한 것이 창업자 스스로 착한 가맹점이 되는 것이다. 오랜 시간 창업의 현장에서 다양한 목소리를 접하면서 느끼는 점 중 하나가 본사의 지침을 무시하는 가맹점이 의외로 많다는 것이다. 소소하게는 서비스 매뉴얼을 따르지 않는 것부터, 심각하게는 제품의 제조 매뉴얼을 무시하고 꼼수를 부리는 곳도 있었다. 예컨대 음식점의 경우엔 돈을 아껴보겠다고 본사에서 공급받은 식재료가 아닌 시중의 비슷한 식재료를 섞어서 사용하기도 하고, 양을 줄여서 사용하기도 한다. 심지어는 유통기한이 지난 식재료를 몰래 사용하는 곳도 있다.

이런 꼼수를 가장 먼저 알아차리는 사람은 다름 아닌 소비자이다. 다른 가맹점과 비교할 때 음식의 구성과 맛이 다르다고 항의하지만 "그런 적 없다"라며 딱 잡아떼기도 한다. 물론 일부 몰지각한 가맹점주의 이야기이긴 하다. 그러나 미꾸라지 한 마리가 물 전체를 흙탕으로 만드는 것처럼 자신의 이익만을 위해 공동의 규칙을 어기면 본사와 다른 가맹점까지 피해를 보게 되고, 급기야 자기 자신도 더 큰 손실을 본다는 것을 잊지 말아야 한다.

"착한 프랜차이즈만큼 중요한 것이 착한 점주"

프랜차이즈 본사와 가맹점은 함께 성장하며 살아가는 상생과 윈-

 착한 프랜차이즈를 선정했다면, 나 역시도 착한 프랜차이즈의 점주가 되어야한다. 과도한 욕심을 버리면 생각보다 우수한 프랜차이즈도 많이 있다.

윈의 관계이다. 어느 한쪽이 자신의 이익만을 챙기려 하면 이 관계는 무너질 수밖에 없다. 프랜차이즈 본사로선 계약을 파기하고 가맹점의 손을 놓으면 그만이지만 가맹점은 금전적으로 큰 손해를 보는 데다, 설령 새로운 프랜차이즈 브랜드로 다시 창업한다고 해도 태도가 바뀌지 않는다면 결과는 그다지 달라지지 않는다.

 몇 년 전 수도권에 호프 프랜차이즈 가맹점의 개설을 진행하는 과정에서 가맹점주 K의 비협조적인 태도에 크게 황당했던 적이 있다. 오랫동안 개인 고깃집을 운영하던 K는 더는 힘든 일은 못 하겠다며 좀 편하게 일할 프랜차이즈 업종을 알아보다가 호프집을 선택했다고 한다. 사실 이때부터 첫 단추가 잘못 끼워진 셈이다. K의 기대와는 달리 호프집은 아무리 프랜차이즈라고 해도 그리 편안하게 일할 수 있는 업종이 아니었다.

프랜차이즈 가맹점 창업이 처음이었던 K는 가맹비를 내는 것도 불만이고, 본사가 지시한 교육을 받는 것도 불만이었다. "내가 그 돈을 왜 줘야 하는데?", "내가 그 교육을 왜 받아야 하는데?"라며 늘 투덜댔고, "이런 거는 프랜차이즈 본사가 해주는 것 아니냐?", "이렇게 힘들고 번거롭게 일하려면 내가 왜 프랜차이즈 가맹점을 하느냐!"며 가맹점주로서의 최소한의 역할까지 불만으로 표현했다.

이러한 K의 태도 때문에 프랜차이즈 본사는 가맹점 개설 계약을 철회해야 하는 것이 아닌가 하는 고민까지 했을 정도였다. 우여곡절 끝에 가맹점을 개설했으나 이후에도 K의 태도는 변하지 않았다. 본사에서 제공하는 식자재의 단가에 대한 불만을 표출하며 자신이 따로 식자재를 구매해서 쓰겠다며 고집을 피우기도 했다.

대다수의 착한 프랜차이즈 기업은 착한 가맹점주들에게 다양한 이벤트를 통해 하나라도 혜택을 더 챙겨주려 노력한다. 하지만 K와 같이 자신의 이익과 편의만 생각하는, 착하지 못한 가맹점주를 만나면 주려던 것도 주기 싫어진다. 심지어 "나와 같은 가맹점주가 돈을 벌어서 너희를 먹여 살리는 것 아니냐?"며 본사 직원을 상대로 갑질까지 하니 다들 K의 매장을 관리하는 것을 꺼렸을 정도이다.

모든 관계는 상대적이라 좋은 것은 선순환을 일으키지만 올바르지 못한 태도는 결국 악순환의 시발점이 되기도 한다. 예상대로 K의 매장은 3년을 채 버티지 못하고 다른 점주에게 양도되었다. 호프 프랜차이즈 중에서 폐점률이 낮기로 손꼽히는 브랜드라 어렵지 않게 새 주인이 들어왔고, 현재까지 안정적으로 좋은 매출을 유지하고 있다.

한편 K와는 정반대로 착한 점주가 되어 착한 프랜차이즈와 진정한 윈-윈의 관계를 만들어 가는 흐뭇한 사례도 많다. 개인 피부관리실을 운영하던 R은 실력도 좋고 친절해서 단골이 많았다. 그런데 피부관리실도 대형 프랜차이즈들이 속속 생겨나다 보니 마케팅에 한계를 느껴 브랜드 매장으로의 전환을 꾀했다.

K는 자신의 강점과 약점을 분명하게 알고 있었다. 즉, 기술과 서비스는 강점이며, 마케팅은 약점이란 것을 잘 알고 있었기에 브랜드를 선정할 때 최대한 약점을 보강해줄 곳을 찾았다. 그래서 브랜드를 선정할 때 K는 충분한 탐색 기간을 가졌다. 피부관리와 뼈 경락 등으로 유명 브랜드 몇 개를 선정하여 직접 기술과 서비스를 체험하는 것은 물론이고, 온라인과 오프라인에서 각 브랜드가 어떤 마케팅 활동을 하는지도 면밀하게 분석했다. 또한 각 브랜드와 직접 접촉하여 가맹조건 및 혜택, 교육 등도 꼼꼼하게 비교했다.

이런 충분한 탐색과 진단을 통해 브랜드를 선택했던 만큼 이후의 가맹점 개설 진행과 운영에서 K는 착한 점주가 되어 착한 브랜드와의 진정한 윈-윈을 도모했다. 개설 진행단계부터 본인 매장의 기존 고객의 현황과 높은 단골 비중을 어필하며 더 많은 혜택을 받은 것은 물론이고, 이후에도 본사의 담당 슈퍼바이저와 꾸준히 소통하고 협력하며 좋은 유대관계를 이어갔다.

그뿐만 아니다. 브랜드 전환 이후에 꾸준히 고객이 늘자 2호점과 3호점의 개설을 계획하게 되었는데, 이때도 가맹비를 할인해달라는 비즈니스 제안을 했다. 다소 무리한 제안이 아닐까 생각할 수도 있지만, 사실 프랜차이즈 본사 입장에선 서로 협조하면서 매출을 늘리고 고객들에게 좋은 이미지를 쌓아가면 뭐라도 하나 더 챙겨주고 싶은 마음이 들기에 이런 제안은 긍정적으로 검토한다.

언론에서 갑질 프랜차이즈 기업의 횡포가 자주 조명되지만, 그렇다고 모든 프랜차이즈 기업을 부정적인 시각으로 바라보아서는 안 된다. 가맹점과의 상생과 진정한 윈-윈을 생각하는 착한 프랜차이즈도 얼마든지 많기에 브랜드 선택의 단계에서 꼼꼼하게 점검했다면, 이후엔 나 또한 착한 점주가 되어 적극적으로 협력하는 자세가 필요하다. 미운 놈에겐 떡 하나를 더 챙겨준다지만 착한 점주에겐 떡 하나만 더 주는 것으로 끝내지 않는다. 착한 점주에게 착한 프랜차이즈는 이것저것 더 챙겨줄 수 있는 혜택을 궁리하면서 함께 성장하고 성공하는 길로 이끌어준다.

 **Key Point!**

- ☐ 착한 점주가 되지 않으면 착한 프랜차이즈의 힘을 함께 누릴 수 없다.
- ☐ 프랜차이즈 선택은 꼼꼼하고 신중하되, 선택 이후엔 협력하며 윈-윈해야 한다.
- ☐ 프랜차이즈도 사람이 하는 일이다. 착한 점주에겐 더 많이 퍼주고 싶다.

노무관리, 막연한 믿음보다 완벽한 시스템이 더 힘이 있다

#횡령 #집단이탈 #노무관리도시스템이답 #힘의균형

　장사가 잘 되어 2호점, 3호점을 줄지어 여는 것만큼 창업자를 춤추게 하는 일이 있을까? 그런데 득이 있으면 실도 있듯이, 사업의 규모가 커지고 직원이 늘고 매장이 늘면 그만큼 문제도 늘어난다. 특히 가지 많은 나무에 바람 잘 날이 없다고, 사업장을 여러 개 운영하는 창업자들의 공통된 고민 중 하나가 직원관리이다. 관리해야 할 매장도 많고 직원도 많다 보니 꼼꼼하게 살피기가 힘들어 직원과의 관계에서 크고 작은 틈새가 생기고, 그 틈으로 균열이 발생하는 것이다.

　점장을 두거나 총괄 매니저를 두어 관리를 한다지만, 이 또한 꼼꼼히 살피지 않으면 오너가 직접 관리할 때와는 분명한 차이가 있다. 심지어 횡령이나 단체 행동 등의 심각한 문제까지 발생할 수도 있다. 일이 커진 후에 곤란을 겪지 않으려면 문제가 될 만한 요소들을 파악하여 처음부터 장치를 마련하는 것이 중요하다.

　수도권의 신도시에서 포장 회 전문점을 운영하는 J는 직영점이 늘어나자 직접 관리하기가 힘들어 총괄 매니저 K를 두고 직원과 매장의 관리를 맡겼다. 그런데 언제부턴가 매니저인 K가 돈을 횡령하기 시작했다. 현금 매출을 포스에 찍지 않고 따로 돈을 빼돌리는 것이다.

　"사장님은 손 하나 까딱하지 않고 매달 큰돈을 버는데, 정작 현장에서 고생하는 우리가 이 정도 돈도 못 써요?"

　직원들의 시선이 두려우니 아예 직원들까지 포섭해서 함께 돈을 빼돌렸고, 그 돈으로 다 같이 회식을 하거나 나누어 가졌다. 게다가 사장인 J가 관리에 크게 신경을 쓰지 않으니 매니저 K가 실세가 되어 직원을 선동하기까지 했다. 현금 매출의 누락분을 눈치채지 못한 J가 매출이 점점 떨어진다는 생각에 K와 직원들에게 잔소리하기 시작했고, 이를 빌미로 단체로 일을 관둬버리는 사태가 벌어진 것이다.

　믿고 맡겼더니 돈을 횡령하는 것도 괘씸한데, 더 심각한 것은 이렇듯 모두 함께 일을 관두는 경우이다. 새로 직원들을 구할 때까지 꼼짝없이 가게 문을 닫아야 하고, 그동안의 영업 손실은 물론 고객 이탈까지 고려하면 엄청난 타격이 아닐 수 없다. 게다가 새로운 총괄 매니저를 뽑아 믿고 맡긴다고 해도 이런 문제가 다시 발생하지 않는다는 보장도 없다.

"관리자를 관리하라!"

　사실 이러한 일이 발생하기까지 사장인 J의 책임도 컸다. 매장이 여러 개가 되면 직접 관리가 힘드니 점장이나 매니저에게 맡길 수 있다. 그런데 점포관리와 직원관리는 매니저에게 믿고 맡기더라도, 관리에 대한 점검은 반드시 해야 한다. 이때 직접 점검하기가 어렵다면 시스템화할 필요가 있다. 매니저의 임무를 매뉴얼로 만들고 사전에 분명하게 전달해야 한다. 그리고 그 결과물에 대해 항상 점검해야 한다. 또 매니저를 견제할 수 있는 또 다른 직원을 두어 힘의 균형을 잡는 것도 중요하다.

J의 직원 중엔 회계업무만 전담하는 여직원이 있었는데, 나는 J에게 K를 견제할 수 있는 권한을 그 여직원에게 나누어주라고 조언했다. 여직원은 돈과 관련한 모든 데이터를 다루는 업무를 하니 만약 돈의 흐름이 평소와 다른 이상 징후를 보이면 즉각 J에게 보고하도록 해서 J가 직접 상황을 살펴보라고 했다.

"뭘 그렇게까지 합니까? K는 절대 그럴 사람이 아닙니다. 그런 부분은 걱정 안 하셔도 됩니다."

나의 조언을 무시할 정도로 J는 매니저에 대한 절대적인 믿음을 가지고 있었는데, 결국 그 믿음이 그에게 독으로 작용했다.

사업을 할 때는 사람을 믿지 말고 시스템을 믿어야 한다. 즉 매장과 직원은 매니저가 관리하더라도 매니저는 오너가 직접 관리하는 시스템을 만들어두어야 한다. 그래야 허튼 생각을 안 한다. 사람을 믿는 것도 중요하지만 그것은 막연한 감정이나 바람이 아닌 분명하게 드러나는 결과에 근거한 믿음이어야 한다. 그리고 그 바탕에는 시스템이 있어야 한다. 그래야 그 믿음에 힘이 생긴다. 고양이에게 생선 가게를 맡기더라도 아예 생선엔 욕심을 낼 수 없도록 완벽한 장치를 해두어야 한다. 그런 장치 없이 벌어지는 불미스러운 사태는 이미 예견된 일이다.

내 가게에 비선 실세가 생기는 것도 내가 누군가에게 믿고 맡기기만 하고 그가 잘하는지 못하는지 점검하지 않기 때문이다. 위임하되, 그가 임무를 잘하는지는 반드시 체크해야 한다. 좋은 게 좋은 것이라고, 믿음과 신뢰에 기대어 틈을 보이고 허술하게 관리하면 K의 사례처럼 꼼수를 부리거나 횡령을 하는 등의 문제가 발생할 수 있다. 누구의 잘못이든 결국 손해는 고스란히 오너에게 돌아오게 되니 무엇보다 사전에 방지책을 마련하는 것이 중요하다.

- 노무관리, 막연한 믿음보다 분명한 시스템이 힘이 있다.
- 누구의 잘못이든 결국 손해는 주인장 몫이다.

힘들면 놀아라, 대신 '잘' 놀아라

#매출정체기 #고객과놀아라

"창업! 웬만하면 그거 하지 마세요."
"네?"

나는 창업컨설팅 의뢰가 들어오면 상담의 첫 단계에선 일단 창업을 만류하고 본다. 창업한다고 해서 모두가 바라던 성과를 얻는 것도 아닌 데다, 나의 노력이나 의지와 무관하게 쓰러질 수 있는 게 창업 시장의 현실이기 때문이다. 이런 나의 만류에도 불구하고 창업에 대한 의지가 강하면 리스크를 강조하며 거듭 만류해본다. 그럼에도 창업의 뜻을 굽히지 않으면 그때부터 본격적인 컨설팅이 시작된다. 최소한의 마음가짐은 확인되었기 때문이다.

창업에서 가장 중요한 것은 마음가짐이라고 해도 과언이 아니다. 장사가 잘 되고 매출이 늘 때는 흥이 나서 다들 열심히 한다. 그런데 장사가 안되는 정체기가 오면 몸도 처지고 마음도 흐트러진다. 더군다나 최선을 다해 노력하는 데도 성과가 더디거나 오히려 뒷걸음질 치면 마음이 더욱 무거워진다. 가뜩이나 요즘은 기술과 서비스가 훌륭하고 열정이 넘쳐도 경쟁업체가 줄줄이 들어서면 버티기가 쉽지 않은 환경이다. 게다가 코로나 사태와 같이 나의 노력과는 무관하게 외부 환경에서 위기가 닥치면 영향을 피할 수 없다. 이때 흔들리고 가라앉는 나의 열정과 의지를 붙잡아 주는 것이 바로 굳건한 마음가짐이다.

"잘 놀아야 일도 잘한다"

'굳건한 마음가짐'이 필요하다고 해서 무조건 열심히 일해야 한다는 말은 아니다. 오히려 열심히 일한 나를 인정해주고 칭찬해주며, 놀 때는 열심히 '잘' 놀아야 한다.
"어떤 취미가 있으세요?"
나는 창업컨설팅을 할 때 취미를 꼭 물어본다. 돈을 버는 이유가 결국 '행복한 삶'을 위해서인데, 혹여라도 돈을 위해 삶의 다양한 행복을 뒤로 미뤄두고 있지는 않은지 염려되어서다. 내 질문에 자신의 취미를 망설임 없이 말하는 분들은 사업이 정체기를 맞아도 대부분 현명하게 잘 극복한다. 마음을 관리해줄 최소한의 장치가 준비돼 있기 때문이다. 그런데 "먹고살기도 바쁜데 취미는 무슨."이라고 대답하는 분들은 사업이 힘들어지면 함께 무너질 위험이 크다. 전부를 걸었기에 전부가 무너지는 것이다.

창업 후 매출이 정체기를 보이는 형태는 크게 두 가지이다. 일 목표 매출액이 100만 원이라고 가정했을 때 아예 얼토당토않은 수준인 20~30만 원인 경우, 그리고 또 하나는 60~70만 원 정도의 어중간한 매출이 나오는 경우이다. 전자의 경우 대부분 1년을 버티지 못

성공창업을 위해서 적절한 휴식은 선택이 아닌 필수이다. 단, 본인이 좋아하고 잘 할 수 있는 여가생활과 적절한 홍보가 이뤄진다면 이 역시 매출상승의 긍정적 요소가 된다.

한다. 이런 경우는 보통 업종, 제품, 서비스, 상권, 열정 등 창업의 모든 요소가 총체적 난국인 경우가 많아서 깔끔하게 포기하고 다른 길을 찾는 것이 낫다.

정작 문제가 되는 것은 후자이다. 최선을 다한 결과이니 별달리 매출을 끌어올릴 방안도 없는 데다 그렇다고 포기하려니 미련이 남는다. 이런 경우에 나는 일이 아닌 취미에서 방안을 찾아보길 조언한다. 답이 보이지 않는 상황에서 일에만 파묻혀 몸과 마음을 피곤하게 하느니 차라리 휴일이나 휴식시간을 활용해 재밌게 놀면서 에너지를 재충전해보는 것이다. 이때 단순히 노는 것에만 그칠 것이 아니라 기왕이면 일에도 도움이 되도록 '잘' 노는 것이 중요하다.

POS 시스템을 관리하던 고깃집에서 코로나 사태로 한번 떨어진 매출이 도통 오르질 않는다며 속상함을 토로했다. 부부가 함께 운영하는 곳으로 음식의 구성과 맛, 서비스도 훌륭하고 가격도 합리적이었다. 게다가 코로나로 매장 방문 손님이 줄자 단품 메뉴를 개발해 배달까지 하고 있었다. 그럼에도 주력 메뉴인 고기 상차림의 매출이 오르지 않아 코로나 이전 매출의 70% 선을 겨우 유지하고 있었다.

"손님이 줄어드니 그만큼 일은 줄었는데 마음은 몇 배로 무거워요."

나는 이럴 때일수록 마음관리가 중요하다며, 무엇을 하면 즐겁고 재미있는지, 특별히 즐기는 취미가 있는지를 물었다. 아내인 Y는 시간이 날 때면 인스타그램에 사진을 올리거나 그곳에서 만난 친구들과 짧은 소통을 즐긴다고 했다. 평소 본인을 꾸미고 어필하는 것을 무척 좋아하는 성격이라 그때만큼은 가게 걱정이 사라지고 마음이 편해진다고 했다.

"좋아요! 그럼 그곳에서 더 열심히 노세요. 대신 앞으론 '잘' 노셔야 합니다!"

 나는 인스타그램 등 SNS 활동을 하되, 아예 고깃집 계정을 새로 만들어서 실제 점포를 찾는 손님들과 팔로우도 맺고 온라인 소통도 즐기라고 했다. 외부에서 커피를 마시고 디저트를 먹는 사진이 아닌, 본인 점포 안팎의 멋진 풍경과 음식 사진을 올리며 실제 고객들과의 소통을 즐겨보라고 했다.

 이후 이 부부의 고깃집 매장의 풍경이 크게 바뀌었다. SNS에 더 예쁜 사진을 올리기 위해 매장 곳곳에 포인트가 될만한 장식을 했고, 외관도 화단을 손질하고 테이블을 놓는 등 좀 더 신경을 썼다. 덕분에 손님이 직접 고깃집의 풍경과 음식을 찍어 SNS에 올리는 홍보 효과까지 덤으로 가져왔다.

 게다가 달라진 것은 외형만이 아니었다. 단골에게 건네는 Y의 말과 서비스가 더욱 친근해졌다. SNS 활동을 통해 서로의 일상에 더욱 가깝게 다가간 덕분에 단골을 넘어 오랜 친구 같은 느낌이 들어서다. 손님들도 이전보다 훨씬 더 밝고 친근해진 Y의 변화를 반겼다.

 남편인 P는 평소 취미로 즐기던 배드민턴을 좀 더 적극적으로 하며, 기왕이면 동호회 활동까지 해보라고 했다. 이때 처음부터 그들을 내 고객으로 만들겠다는 생각보다는 함께 즐겁게 운동하면서 소통하는 것에 집중하기를 조언했다. 배드민턴을 하는 동안 일에 대한 스트레스를 잊을 수 있는 데다, 함께하는 동호인끼리 친해지면 자연스레 고객으로 모실 수도 있으니 일거양득이 따로 없었다.

 노는 것에 익숙하지 못한 사람들은 매출이 제자리걸음이거나 후진하는 정체기를 맞으면 무척 힘들어한다. 누구에게나 이런 정체기는 오기 마련인데, 이 시기를 현명하게 잘 넘기는 사람은 다음 단계로 도약하지만, 힘들어하고 무너지는 사람은 바라던 다음과 만나지 못하기도 한다. 그래서 나는 기왕 노는 것이니 전략적으로 '잘' 놀기를 권한다. 고객이나 비슷한 관심사를 가진 사람들과 놀면서 스트레스도 날리고 유대관계도 더욱 돈독하게 해 내 사업장도 홍보하니 이보다 더 영민한 놀이법이 없다.

본인의 노력을 통해 좋아하는 일을
잘하는 일로 만드는 게 가장 중요합니다.

- 백종원 -

에필로그

100세 시대! 창업이 답이다

    불과 얼마 전까지만 해도 우리 사회는 취업할 것인가, 창업할 것인가를 선택해야 했다. 그리고 안정적이라는 이유로 취업을 희망하고 선택하는 사람들이 월등히 많았다. 60세까지 직장에 다니며 월급을 아껴 저축하고, 퇴직금까지 보태어 알뜰하게 생활하면 남은 생을 그럭저럭 견딜 수 있었기 때문이다. 그런데 지금은 어떤가? 기대수명이 80세를 넘어 100세 시대에 들어선 지금, 취업에서 얻은 수입만으로 노년을 편안하게 보내는 사람이 얼마나 있겠는가.

    이제, 취업의 시대가 가고 창업의 시대가 왔다. 아무리 허리띠를 졸라매도 월급과 퇴직금만으론 남은 생을 견뎌낼 수 없기에 취업과 창업을 병행하든, 은퇴 이후에 창업하든 일생에 한 번 이상은 창업할 수밖에 없다. 물론 월급을 아끼고 모아서 주식이나 펀드와 같은 금융투자나 부동산에 투자해 큰돈을 벌면 창업하지 않아도 노년을 여유롭게 보낼 수 있다. 그런데 그게 어디 말처럼 쉬운가!

　우리나라에서 부동산으로 돈을 벌려면 수도권의 역세권 아파트를 구매해야 그나마 몇 년 뒤 시세차익을 기대할 수 있다. 그런데 그런 좋은 위치에 있는 아파트들은 그야말로 억! 소리 나는 가격이라 아무나 진입할 수 없다. 게다가 정부에서 다주택자와 단기 거래에 대한 부동산 세제를 강화하니 투자수익이 나와도 세금을 내고 나면 기대만큼의 수익을 올리기 어렵다. 또 출산율 저하로 인한 지속적인 인구 감소로 부동산의 수요 또한 줄어들 것이기에 예전과 같은 부동산 신화는 기대하기 힘들다.

　주식이라고 별다르지 않다. 코로나 사태로 인한 경기침체로 주식이 유행처럼 퍼져 20대의 젊은 청년들도 소액으로 투자를 하는 시대가 되었다. 최소 '억' 단위의 돈이 필요한 부동산 투자와는 달리 주식은 적은 돈으로도 입문할 수 있고, 비대면으로 계좌를 개설하고 거래할 수 있으니 너나없이 도전해보는 것이다. 그런데 그 결과는 어떤가. 주식에 투자해서 돈을 벌었다는 이야기도 간간이 들려오지만, 어쩐 일인지 그들 중 상당수가 다시 돈을 잃었다는 이야기를 후속편처럼 들려준다.

"펀드매니저의 분석보다 침팬지의 운이 더 낫다!"

　기업 분석과 시장 분석 등 여러 정보를 바탕으로 한 주식 투자는 분명 운에만 기대는 도박과는 다르다. 그러나 제아무리 분석한다고 해도 예측이 딱 들어맞기가 힘들다. 미처 파악하지 못한 변수도 있고, 심지어 운도 어느 정도는 작용한다.

　지난 2000년, 미국의 경제 전문 일간지인 월스트리트저널(WSJ)이 펀드매니저를 일반인과 대결시켜 능력을 검증하는 실험을 했다. 이 실험에서 일반인은 눈을 가린 채 다트를 던져 종목을 선정했고, 펀드매니저는 평소 자신의 정보력과 분석능력을 활용해 종목을 선정했다. 결과는 어땠을까? 눈을 가린 채 무작위로 찍은 종목이 펀드매니저의 선택보다 높은 투자수익률을 얻었다.

2001년 영국에서는 증권분석가, 점성술사와 함께 다섯 살의 어린이를 실험에 참여시켜 투자의 수익 대결을 했다. 이때도 다섯 살 어린이가 1위, 점성술사 2위를 했고, 증권분석가가 가장 낮은 수익률을 냈다. 2002년에는 우리나라에서도 침팬지 두 마리에게 주식 종목을 집어오게 하여 펀드매니저와 대결하게 하는 실험을 했다. 또 2009년에는 앵무새와 대결했는데, 이때도 앵무새가 펀드매니저보다 더 높은 수익률을 기록했다. 이렇듯 여러 나라에서 다양한 실험을 통해 소위 전문가라고 하는 펀드매니저의 실력이 결국 침팬지의 '찍기'보다 못하다는 결론을 얻은 것이다.

어디 그뿐인가. 제아무리 주식은 도박과 다르다고 말하지만 투자에 임하는 심리만큼은 다르다고 확언할 수 없다. 돈을 벌면 버는 대로 잃으면 잃는 대로, 이성만으로는 제어되지 않는 투기심리가 발동된다. 특히 원금의 손실을 보는 순간부터 소위 말하는 '본전' 생각에 빚을 내어서라도 투자하는 늪에 빠지는 사람들이 많다. 더군다나 개미에 비유되는 개인투자자가 확보할 수 있는 정보가 제한적이다 보니 나름의 분석이라는 것도 투자의 자료가 되기엔 힘이 약하다. 오죽하면 개미는 기관투자자와 외국인 투자자들이 이미 움직인 시장의 끝물을 타고 결국 손해만 떠안는다고 할까. 이익을 본다 한들 정확한 정보를 신속히 확보하는 그들과 비교할 때 미미한 수준이다. 결국 개인투자자는 제한된 정보와 뒤늦은 걸음을 만회하기 위해 운에 기댈 수밖에 없다.

금융 투자나 부동산 투자와는 달리 창업은 정직하다. 말 그대로 뿌린 대로 거둘 수 있는 것이 창업이다. 코로나 여파로 많은 자영업자가 고통을 겪고 있지만 이 또한 미리 배달이나 인터넷 판매와 같은 비대면 루트를 만들어놓지 못한 이유도 크다. 실제로 창업의 현장에서 위기나 변화를 기회로 활용하는 스마트한 창업자는 오프라인에만 머물지 않고 온라인을 함께 준비한다. 그리고 한순간의 유행이 아닌 시대의 변화와 트렌드를 읽으며 한발 앞서서 움직인다. 또 조금 해보곤 바라던 결과가 나오지 않는다며 쉽게 포기하지 않는다. 그들은 올바른 길을 찾은 이상, 그 길을 믿고 성실하고 스마트하게 나아간다. 창업은 반드시 열정과 시간, 노력과 실행과 비례한 결과와 만나다는 것을 경험으로 알기에 일희일비하지 않고 우직하게 나아가는 것이다.

　창업! 선택이 아닌 필수가 된 시대에 부디 이 책을 읽는 독자 모두가 제대로 뿌리고 확실하게 거두는, 성공 창업의 길로 힘차게 나아가길 기원한다. 더불어 모든 창업자가 이 책이 전하는 40가지의 성공법칙을 바탕으로 10배, 100배의 지혜와 전략을 얻고 실행해 나가길 응원한다. 건강한 땀만큼 정직한 결과는 없기에, 당신의 창업은 반드시 성공한다!